ARGENTINIEN

BUENOS AIRES

INSIDER-TIPP
Deine Abkürzung ins Erleben!

Reisen mit MARCO POLO Insider-Tipps

MARCO POLO TOP-HIGHLIGHTS

GLACIAR PERITO MORENO ★1

Donner, Knallen, Krachen: Der Gletscher in Patagonien ist einer der wenigen weltweit, die (noch) nicht schrumpfen.

📷 *Tipp: Unbedingt eine Gletscherbegehung machen! Hier triffst du auf alle Nuancen der Farbe Blau.*

➤ S. 125, Patagonien & Feuerland

SAN TELMO ★2

Tango und Street-Art, Kolonialbauten, quirlige Märkte und hippe Bars: In Buenos Aires' historisches Bohemeviertel muss man sich einfach verlieben!

📷 *Tipp: Bei der sonntäglichen Milonga auf der Plaza Dorrego kriegst du authentische Tangomotive vor die Linse.*

➤ S. 50, Buenos Aires

TREN A LAS NUBES ★3

Der „Zug zu den Wolken" durchquert die Anden auf schwindelnder Höhe.

➤ S. 93, Der Nordwesten

ESTEROS DEL IBERÁ ★4

Bitte nicht füttern! Expedition ins sumpfige Reich der Kaimane, Brüllaffen und Wasserschweine.

📷 *Tipp: Zoomobjektiv und viel Geduld einpacken!*

➤ S. 105, Der Nordosten

RESERVA PROVINCIAL ISCHIGUALASTO ★5

Im Valle de la Luna eine bizarre Wüstenlandschaft von fast außerirdischer Schönheit erleben.

📷 *Tipp: In der Abendsonne entfalten sich die Farben, Formen und Dimensionen am besten.*

➤ S. 88, Der Nordwesten

ASADO 6
Außer Feuer und Salz darf nichts ans Fleisch! Ihr *asado* ist den Argentiniern heilig – nirgendwo anders auf der Welt werden auf dem Grill so gute Steaks gebraten.

➤ S. 28, Essen & Trinken

CATARATAS DEL IGUAZÚ 7
Das Getöse der grandiosen Wasserfälle inmitten vom tropischen Urwald an der brasilianischen Grenze darfst du dir nicht entgehen lassen (Foto).
📷 *Tipp: Das beste Panorama bekommst du auf der brasilianischen Seite.*

➤ S. 110, Der Nordosten

CAMINO DE LOS SIETE LAGOS 8
Welches ist der schönste der sieben Seen? Eine phantastische Rundfahrt durch die patagonische Natur.

➤ S. 118, Patagonien & Feuerland

QUEBRADA DE HUMAHUACA 9
Kakteenwälder, Lamas, Salzseen und Kunsthandwerk: Wo früher die Inkas herrschten, lebt die Indianerkultur im Alltag fort.
📷 *Tipp: Für das beste Panorama auf den Cerro de los Siete Colores bei Purmamarca hinter der Nationalstraße den Hügel hinaufsteigen, am besten am frühen Morgen.*

➤ S. 91, Der Nordwesten

PENÍNSULA VALDÉS 10
Keine Berührungsängste: Seelöwen, Pinguine, Wale und See-Elefanten kannst du hier aus nächster Nähe beobachten.

➤ S. 121, Patagonien & Feuerland

INHALT

DER NORDOSTEN
DER NORDWESTEN
BUENOS AIRES
DIE OSTKÜSTE
PATAGONIEN &
FEUERLAND

⏲	Besuch planen	🍴	Essen/Trinken
€-€€€	Preiskategorien	🛍	Shoppen
(*)	Kostenpflichtige Telefonnummer	🍸	Ausgehen

(🗺 A2) Herausnehmbare Faltkarte
(🗺 a2) Zusatzkarte auf der Faltkarte
(🗺 0) Außerhalb des Faltkartenausschnitts

BESSER PLANEN MEHR ERLEBEN!

Digitale Extras
go.marcopolo.de/app/arg

MARCO POLO

DIGITALE EXTRAS

DIGITAL NOCH MEHR ERLEBEN

Schneller in Urlaubslaune kommen.

Perfekt organisiert sein – vor, während und nach dem Urlaub.

Mit der MARCO POLO Touren-App und unseren digitalen Angeboten.

Noch mehr Trendziele, Inspiration und aktuelle Infos findest du auf **marcopolo.de**

SO EINFACH GEHT'S

1. Website besuchen
2. Die digitale Welt von MARCO POLO entdecken
3. App runterladen und ab in den Urlaub

Alle Infos zum digitalen Angebot unter **marcopolo.de/app**

DAS BESTE ZUERST

Kratzen am Himmel: Zinnen des Cerro Torre im Nationalpark Los Glaciares

BLOSS NICHT!

FETTNÄPFCHEN UND REINFÄLLE VERMEIDEN

DEN MATE UMRÜHREN

Matetrinken ist ein Ritual – und es hat Regeln: 1) Eine Füllung, eine Person. Bitte austrinken! 2) Ein Matebecher ist kein Mikrofon – gib den ausgetrunkenen Becher schnell weiter! 3) Niemals mit dem Trinkrohr im *yerba*-Kraut herumrühren!

UNGEDULDIG WERDEN

Fahrkarten kaufen, Geld abheben, Supermarktkassen – alles dauert. Schlangestehen ist Volkssport in Argentinien. Reih dich ein. Reg dich nicht auf. Und drängle auf gar keinen Fall vor. Nimm einfach immer etwas zu lesen mit.

BARGELDLOS REISEN

Mit Bündeln voller Bargeld zu reisen ist nicht angenehm, aber Kreditkarten werden außerhalb der Städte oft nicht akzeptiert. Am besten nimmst du Pesos, Dollar oder Euro in kleinen Scheinen mit (den Rest im Safe im Hotel lassen). Sonst kann es passieren, dass du warten musst, bis die Bank öffnet, und so unter Umständen ein ganzes Wochenende verlierst.

ALLES WÖRTLICH NEHMEN

„Gleich dort drüben" kann 20 Straßenblocks bedeuten. „Ein Moment" kann Stunden dauern. „Lass uns nächste Woche ein *asado* machen" bedeutet ohne Bestätigung gar nichts. Sag trotzdem immer ja. Wenn dir später „was dazwischenkommt", hat jeder Verständnis.

ESSENSPLÄNE FÜR 19 UHR SCHMIEDEN

Bis etwa 19 Uhr redet man in Buenos Aires noch von *tarde,* nachmittags. Wer vor 20 Uhr ins Restaurant will, trifft auf verschlossene Türen. Die meisten *porteños* sind da noch auf dem Heimweg, einkaufen oder beim Sport. Wirst du privat eingeladen, komm niemals vor 21 Uhr und erwarte kein Essen vor 22 Uhr.

LOB ODER KRITIK? WIR FREUEN UNS AUF DEINE NACHRICHT!

Trotz gründlicher Recherche schleichen sich manchmal Fehler ein. Wir hoffen, du hast Verständnis, dass der Verlag dafür keine Haftung übernehmen kann.

**MARCO POLO Redaktion • MAIRDUMONT • Postfach 31 51
73751 Ostfildern • info@marcopolo.de**

Impressum
Titelbild: Parque Nacional Talampaya (Schapowalow/Estock)
Fotos: V. Coco (155); huber-images: J. Banks (45, 52), A. Bartuccio (2/3, 96/97), Bernhart (36/37), Damm (128/129), C. Dörr (8/9), R. Schmid (16/17, 33, 40/41, 48/49, 61, 150/151); R. Jung (112/113, 140/141); Laif: González (62, 71, 106, 133), P. Hahn (53); Laif/Aurora: J. Esper (86); Laif/hemis.fr: C. Guy (30); Laif/Le Figaro Magazine: Martin (90); Look: Martini (22), Richter (104); mauritius images: D. Delimont (143), C. Seba (101); mauritius images/age fotostock: J. Larrea (124); mauritius images/Alamy (74), S. Ember (Klappe hinten), E. Eveleigh (94), B. Galmarini (64/65, 138/139), D. Grandi (100), G. Grotelueschen (108/109), A. Khrobostov (117), M. Molinari (28/29), F. Neukirchen (81), R. M. Nunes (Klappe vorne außen, Klappe vorne innen, 1), E. Rodriguez (12, 76/77, 85), J. L. Suerte (13), N. Tinelli (10), A. Velikzhanin (29), Graca Victoria (50), C. Wilton (14/15); mauritius images/Alamy/Cavan Images (56/57); mauritius images/Alamy/Creative: D. Delimont (131); mauritius images/Alamy/Nick World Photo (103); mauritius images/Alamy/Stock Connection Blue (66/67); mauritius images/Aurora Photos: B. Girardi (34/35); mauritius images/Axiom Photographic/Dos Fotos (32/33); mauritius images/Hemis.fr: C. Le Tourneur D'Ison (54), R. Mattes (6/7); mauritius images/imageBroker: V. de Abreu Braz Junior (111), P. Giovannini (118/119), C. Heinrich (89), F. von Poser (72), H. von Radebrecht (93);mauritius images/Novarc Images: N. Stengert (21); mauritius images/Prisma (26/27); mauritius images/robertharding: P. Groenendijk (121), K. Kozlowski (47), M. Williams-Ellis (126/127); mauritius images/Science Source: D. R. Frazier (59); mauritius images/Westend61 RF: S. Schütz (11); mauritius images/Westend61: S. Schurr (152/153); Shutterstock: M. Matyas Rehak (82); H. Stadler (25, 122)

15., aktualisierte Auflage 2024

Autoren: Viktor Coco, Juan Garff, Anne Herrberg, Monika Schillat
Redaktion: Nikolai Michaelis
Bildredaktion: Susanne Mack
Kartografie: © 2024 KOMPASS-Karten GmbH, A-6020 Innsbruck; MAIRDUMONT, D-73751 Ostfildern (S. 38–39, 130, 134, 136, 138, Umschlag außen, Faltkarte); © 2024 KOMPASS-Karten GmbH, kompass.de unter Verwendung von © OpenStreetMap Contributors, osm.org/copyright (S. 42–43, 68–69, 78–79, 98–99, 114–115)
Als touristischer Verlag stellen wir bei den Karten nur den De-facto-Stand dar. Dieser kann von der völkerrechtlichen Lage abweichen und ist völlig wertungsfrei.
Gestaltung Cover, Umschlag und Faltkartencover: bilekjaeger_Kreativagentur mit Zukunftswerkstatt, Stuttgart
Gestaltung Innenlayout: Langenstein Communication GmbH, Ludwigsburg
Spickzettel: in Zusammenarbeit mit PONS Langenscheidt GmbH, Stuttgart
Texte hintere Umschlagklappe: Lucia Rojas
Konzept Coverlines: Jutta Metzler, bessere-texte.de

Printed in Poland

FSC www.fsc.org MIX Paper | Supporting responsible forestry FSC® C018236

MARCO POLO AUTOR
VIKTOR COCO
Bei einem alternativen Musikradio im Herzen von Buenos Aires saß er das erste Mal am Mikrofon. Später studierte er an der Universidad de Buenos Aires und bloggte über den argentinischen Fußball. Heute arbeitet er aus ganz Südamerika für den deutschen Hörfunk oder Magazine – und genießt gleichzeitig die Freiheit, seit zehn Jahren auch Reisegruppen durch Patagonien zu begleiten.

BEST OF BEI REGEN

SCHÖN, AUCH WENN ES REGNET

MEERESMUSEUM AM OZEAN

Hier wird jedes Gewitter zum Naturschauspiel: Vom modernen *Ecocentro* auf den Klippen Puerto Madryns hast du einen atemraubenden Blick auf den wilden Atlantik – und kannst gleichzeitig dem Gesang der Wale lauschen.

➤ S. 120, Patagonien & Feuerland

DURCH DANTES INFERNO

Wer ins Paradies will, muss durch Hölle und Fegefeuer: Besuch den spektakulären *Palacio Barolo* (Foto) in Buenos Aires, eine architektonische Hommage an die Göttliche Komödie von Dante Alighieri. Die Führung endet bei Imbiss und Musik mit einem tollen Rundblick über die (verregnete) Kulisse der Stadt.

➤ S. 48, Buenos Aires

FINGERFOOD IM TROCKENEN

Ein Schauer erwischt dich in der Hauptstadt? Dann bummle durch die wunderschöne alte *Markthalle von San Telmo,* in der es neben Obst und Gemüse und hier und da ein paar Antiquitäten und Secondhandklamotten jede Menge Snacks, Delikatessen und Drinks zum Probieren gibt.

➤ S. 51, Buenos Aires

MUMIEN IN SALTA

1999 wurden drei mumifizierte Kinderleichname auf dem Gipfel des Vulkans Llullaillaco gefunden. In Saltas *Museo de Arqueología de Alta Montaña* erklärt eine virtuelle Tour die Hintergründe des düsteren Inkarituals.

➤ S. 89, Der Nordwesten

AUF EINEN CORTADO ODER ZWEI

Hier wurde Weltliteratur geschrieben, hier wurden Revolutionen geplant: In den historischen Kaffeehäusern von Buenos Aires, den *bars notables,* lässt es sich auch heute noch bei *cortado* und *medialunas* stundenlang ausharren.

➤ S. 60, Buenos Aires

BEST OF

LOW-BUDGET

FÜR DEN KLEINEN GELDBEUTEL

AB GEHT DIE POST
Pakete lagern hier keine mehr, dafür gibt es Kultur satt: In der ehemaligen Hauptpost zeigt das *Centro Cultural Kirchner (CCK)*, das größte Kulturzentrum Lateinamerikas, Kunst, Theater und Musik zum Nulltarif.
➤ S. 63, Buenos Aires

FOLKLOREFESTE
Geschmückte Pferde, Gauchos im Wettstreit, hausgemachte Leckereien und regionale Musik: Überall im Land werden im Sommer Tradition und Brauchtum gefeiert, umsonst und draußen. Infos unter *cultura.gob.ar* oder *fiestas nacionales.org*.

TANGO IM PARK
Pack die Tanzschuhe in den Rucksack und dann ab in den Park: In der *Glorieta de Belgrano* wird jeden Sonntagabend ab 19 Uhr Tango getanzt – ganz ohne Eintritt.
➤ S. 61, Buenos Aires

HOL DIR DEN ÜBERBLICK!
Lost in Buenos Aires? Von den Kuppeln der Stadt hast du einen grandiosen Ausblick über Dächer, Erker und versteckte Dachterrassen. Preiswert zum Beispiel vom *Mirador der Galería Güemes* aus.
➤ S. 58, Buenos Aires

HIPPIEDORF IN PATAGONIEN
Patagonien ist atemraubend – aber leider auch nicht ganz billig. Sympathische Ausnahme: das Dörfchen *El Chaltén* am Fuß des Fitz-Roy-Massivs mit gut ausgeschilderten Wanderwegen (Foto).
➤ S. 125, Patagonien & Feuerland

CO_2-FREI DURCH DIE HAUPTSTADT
Radeln ist in Buenos Aires längst kein Harakiri-Unterfangen mehr – es gibt rund 250 km *Radwege* und an die 400 *Leihstationen*. Und schneller als mit dem Bus oder Taxi bist du so auch oft!
➤ S. 60, Buenos Aires

BEST OF
MIT KINDERN

SPANNENDES FÜR GROSS & KLEIN

BESUCH BEI DEN DINOS
Achtung: In Patagonien triffst du auf den Argentinosaurus, das größte Tier, das jemals die Erde bewohnt hat – natürlich existiert hier nur noch das Skelett. Im spannenden *Museum Egidio Feruglio* in Trelew kannst du dich in die Zeit der Dinos zurückversetzen.
➤ S. 123, Patagonien & Feuerland

INSEL FÜR ERFINDUNGEN
Genau das Richtige für Technikfreaks: In der *Isla de los Inventos,* einer alten Bahnhofshalle in Rosario, kannst du deinen Entdeckergeist bzw. den deiner Kinder wecken. Sie lernen, wie ein Spielzeug entsteht, wie Leonardo da Vinci arbeitete und warum die Zeit vergeht.
➤ S. 102, Der Nordosten

VERRÜCKTES SAMMELSURIUM
Eine gigantische Halle voller Kuriositäten aus allen möglichen Bereichen: Das ist das *Museo Rocsen* in den Sierras de Córdoba – wie die Rumpelkammer deiner Oma, nur viel, viel größer. Ein bretonischer Einwanderer sammelte hier einfach alles, was ihm irgendwie wichtig erschien. Begib dich auf Entdeckungstour in seine Welt (Foto)!
➤ S. 83, Der Nordwesten

SÜSSE GESCHICHTEN
Alle Kinder lieben sie, aber wer weiß, wie sie entsteht? Das *Museo del Chocolate* in Bariloche erzählt Geschichten und Geheimnisse rund um die beliebteste Süßigkeit. Probieren erlaubt!
➤ S. 116, Patagonien & Feuerland

IDOLE HAUTNAH
Diego Maradona, Carlos Tévez und Juan Román Riquelme haben hier gespielt: Boca Juniors ist legendär. Im *Museo de la Pasión Boquense* lernst du die Geschichte kennen und erfährst, warum das Stadion Bombonera, also „Pralinenschachtel", heißt.
➤ S. 52, Buenos Aires

BEST OF

TYPISCH

DAS ERLEBST DU NUR HIER

EIN LAND DER PFERDE
2,6 Mio. Pferde soll es in Argentinien geben. Auf den *estancias* der Provinz Buenos Aires sind Ausritte ein Muss. Und in den Anden sind Pferde trittsichere Begleiter auf den Bergpfaden.
➤ S. 36, Sport

AUTHENTISCHER TANGO
Der Tango ist die Seele von Buenos Aires. Statt in teuren Shows erlebst du ihn am besten in *milongas,* Nachbarschaftsclubs oder urigen Eckkneipen wie dem *Los Laureles.* Dort greifen jeden Freitag die Nachbarn zum Mikrofon.
➤ S. 61, Buenos Aires

INDIANERMÄRKTE
Farben, Muster, Aromen: Auf den Indianermärkten des Nordwestens, z. B. in *Purmamarca,* findest du nicht nur einzigartige Erinnerungsstücke, sondern unterstützt mit dem Kauf auch die lokalen Kooperativen.
➤ S. 92, Der Nordwesten

ASADO
Nirgends ist Fleisch schmackhafter als in Argentinien, vor allem, wenn es auf der *parrilla* oder am Grillspieß sachgemäß zubereitet wird. Besonders stilecht genießt du ein *asado* am Lagerfeuer draußen in der Natur auf einer *estancia.*
➤ S. 65, Buenos Aires

WALE UND PINGUINE
Ein Wal oder Tausende Pinguine: Beide Bilder sind typisch für die patagonische Küste. Aber auch See-Elefanten und Schwertwale kannst du rings um die *Halbinsel Valdés* bestaunen.
➤ S. 121, Patagonien & Feuerland

AB IN DEN HEXENKESSEL
Buenos Aires ist die unangefochtene Welthauptstadt des Fußballs, legendär sind die Derbys in der blau-gelben *Bombonera,* dem Stadion von Boca Juniors (Foto).
➤ S. 52, Buenos Aires

SO TICKT ARGENTINIEN

... nämlich im Takt des Tango, der längst zum Unesco-Welterbe gehört

ENTDECKE ARGENTINIEN

Die Plazoleta Cortázar mit ihren Freiluftlokalen ist das Herz von Palermo Viejo in Buenos Aires

Tango und Patagonien: Es gibt Argentinienklischees, die stimmen einfach. Nirgendwo sonst wird der „traurige Gedanke" so hingebungsvoll getanzt wie in der Metropole Buenos Aires. Nirgendwo sonst ist es so berauschend wild und windig wie in der einsamen Weite Patagoniens. Und das sind nur die zwei Extreme dieses faszinierenden Lands voller Superlative.

EIN LAND, VIELE WELTEN

Die Natur hat es gut mit Argentinien gemeint. Der höchste Berg Südamerikas mit 6962 m: der Aconcagua, König der Anden; die Cataratas del Iguazú, 275 Wasserfälle, die tosend in eine 70 m tiefe Schlucht stürzen. Und wer möchte nicht einmal auf der legendären Ruta 40, die das Land auf 5300 km von Nord nach Süd durchzieht, in die südlichste Stadt der Welt fahren? Eisblaue Gletscherfelder und

- **16.–18. Jh.** Der Spanier Juan Díaz de Solís entdeckt 1516 die Mündung des Río de la Plata. Buenos Aires, 1580 gegründet, wird 1776 Hauptstadt des Vizekönigreichs Río de la Plata
- **1816** Das Vizekönigreich erklärt sich unabhängig von Spanien
- **19. Jh.** Argentinien wird zur „Kornkammer der Welt" und zum Ziel Millionen europäischer Einwanderer
- **1930** Soziale Unruhen nach der Weltwirtschaftskrise 1929
- **1946–55** General Juan Domingo Perón und seine Frau Evita führen

schroffe Küsten, Salzseen und Kakteenwüsten, zerklüftete Bergmassive und tropische Regenwälder, dazu eine der aufregendsten Metropolen Südamerikas: nichts, was es in Argentinien nicht gibt. Aber Vorsicht: Das Land ist riesig, die Distanzen unterschätzt man oft. Zwischen Ushuaia auf Feuerland und der bolivianischen Grenze im Norden liegen so viele Kilometer wie zwischen Berlin und Bagdad. Jahreszeiten und Temperaturen stehen auf dem Kopf: Hochsommer ist von Dezember bis Februar. In den Wintermonaten Juni und Juli werden die Ski ausgepackt. Im Norden besteht dafür fast ganzjährig Sonnenbrandgefahr. Und bei 40 Grad im Schatten und 90 Prozent Luftfeuchtigkeit ist klar, warum die Siesta auf dem Land nach wie vor heilig ist.

VOM DSCHUNGEL BIS INS EWIGE EIS

Du kannst es dir also aussuchen: Im Dschungel des Nordostens findest du nicht nur eines der grandiosesten Naturspektakel der Welt. Nur wenige Kilometer von den Iguazú-Fällen entfernt stehen die Ruinen der Jesuitenreduktion San Ignacio Mini und erzählen vom Traum eines südamerikanischen Utopia – und von den Ursprüngen des Matetees, des bitteren Lieblingsgetränks der Argentinier.
Der Nordwesten setzt den krassen Kontrast: Auf der kargen Hochebene der Puna grasen Lamas und der historische Zug Tren a las Nubes windet sich über atemraubende Andenpässe. Hier ist die Kultur der Inkas und ihrer Nachfahren, der Coyas und Quechuas, noch lebendig. Genießer sollten sich einen Trip in die Weinanbaugebiete von Mendoza und San Juan nicht entgehen lassen – an den

den Sozialstaat ein. Ein Militärputsch zwingt Perón ins Exil

1955–83
Auf eine Reihe von Militärputschen folgt 1976 eine grausame Diktatur. Zehntausende werden ermordet. Nach der Niederlage im Falklandkrieg tritt die Junta ab

1983–2022
Die junge Demokratie kämpft mit hoher Verschuldung und Inflation. Das neoliberale Experiment der 1990er gipfelt 2001 im Staatsbankrott. Auf einen kurzen Aufschwung folgen weitere Krisen, aber auch progressive Politik und eine Stärkung der Frauenrechte

2023/2024
Nach Corona eint der Fußball-WM-Titel ein zerrissenes Land

sonnenverwöhnten Andenhängen reifen Argentiniens feinste Tropfen. Aber auch Sportler kommen auf ihre Kosten: Die wilden Canyons und Mondlandschaften der Kordillere laden ein zu Trekking und Ausritten oder zum Rafting.
Im Süden bedecken karge Steppen das weite Tafelland Patagoniens, das mit felsiger Steilküste zum Atlantik abfällt. Hier leben Magellanpinguine, See-Elefanten und gewaltige Bartenwale. Auf der Seite der Anden ragen die Spitzen des Fitz-Roy-Massivs empor und der Blick auf das ewige Eis des Perito-Moreno-Gletschers gehört zu den unvergesslichen Argentinienmomenten.

DIE EUROPÄISCHE METROPOLE

Die Hauptstadt Buenos Aires, das unbestrittene Zentrum des Landes, scheint völlig losgelöst von diesen urzeitlichen Landschaften. Mondäne Paläste und wilde Partynächte, gläserne Skylines und alte Kaffeehäuser: Keine Metropole Lateinamerikas ist so vielfältig, keine so europäisch geprägt, darauf sind die Hauptstädter, die *porteños* (von *puerto* = Hafen), auch sehr stolz. Dabei begann alles mit einer großen Illusion: Breit wie ein Meer, aber flach wie ein Froschteich liegt der Río de la Plata da, der „Silberfluss". Der Name geht zurück auf eine Legende, die die spanischen Eroberer vor 500 Jahren an seine Ufer trieb: Sie hofften auf ein Königreich voller Silber, fanden aber vor allem Schlamm, Krankheiten und den Widerstand der Ureinwohner, der später brutal niedergeschlagen wurde.

ZWISCHEN KRISE UND ASADO

Das Glücksversprechen vom *argentum*, vom Silber, trägt das Land bis heute im Namen. Reichtum brachten ihm zuerst Sklavenhandel und Schmuggel, dann Land- und Viehwirtschaft und Hafenzölle. Die aufstrebende Nation zog Millionen europäische Einwanderer an. Die Argentinier seien Italiener, die Spanisch sprechen, wie Franzosen denken und gerne Engländer wären, heißt es. Da schwingt auch Galgenhumor mit. Denn die Zeiten, als Argentinien zu den größten Wirtschaftsnationen der Welt gehörte, sind lange vorbei – wer daran die Schuld trägt, ist bis heute ein beliebtes Streitthema, das am liebsten beim *asado* und einem Glas Malbec-Rotwein erörtert wird.
Argentinien pendelt seit Jahrzehnten von einem politischen Extrem ins nächste und stürzt dabei immer mal wieder in schwere Krisen. Fortschritte bleiben immer wieder stecken in Debatten über Ausfuhrzölle für ultrareiche Sojabarone oder die politische Verantwortung für die enormen Auslandsschulden. Hoffnung auf Wandel wurde auch durch Corona ausgebremst. Die Pandemie hatte die wirtschaftlichen Probleme noch einmal verschärft. Die Inflation ist zweistellig, die Landeswährung hat enorm an Wert verloren und sehr viele Menschen sind in die Armut abgerutscht. Für den Tourismus, eine wichtige Einkommensquelle des Landes, hat die Krise allerdings einen positiven Nebeneffekt: Argentinien ist wieder billiger geworden – und nach wie vor ein sicheres und sehr gastfreundliches Reiseland.

AUF EINEN BLICK

46.000.000
Einwohner

Spanien: 48.200.000

4990 km
Küstenlänge

Festland-Küstenlänge Spanien: 3900 km

2.780.000 km²
Fläche

Fast achtmal die Fläche von Deutschland

HÖCHSTER BERG: ACONCAGUA

6962 m

zugleich höchster Berg des amerikanischen Kontinents

PSYCHOLOGEN PRO 100.000 EINWOHNER

228

Finnland: 110

FLEISCHKONSUM PRO KOPF

115 kg

Deutschland: 52 kg

BERÜHMTE ARGENTINIERINNEN

Evita Perón (Schauspielerin und Politikerin), Cristina Kirchner (Politikerin), Victoria Ocampo (Schriftstellerin), Gabriela Sabatini (Tennisspielerin), Mercedes Sosa (Folklore- und Protestsängerin), Mafalda (Comicfigur)

NATIONALSPORT

Nicht etwa Fußball, sondern *El Pato* („Ente"), eine Mischung aus Polo und Basketball

DREI WM-ENDSPIELE GEGEN DEUTSCHLAND:

1986, 1990, 2014

ERSTER ZEICHENTRICKFILM DER WELT:
EL APÓSTOL (1917)

ARGENTINIEN VERSTEHEN

WAS KREUCHT UND FLEUCHT

Hättest du erwartet, ausgerechnet in Argentiniens tiefster Pampa moderne Geschlechterverhältnisse anzutreffen? Beim Nandu, dem anderthalb Meter großen, bis zu 25 kg schweren Laufvogel, ist es der Hahn, der das Nest baut und die Eier ausbrütet. Auch sonst ist Argentiniens Tierwelt bunt wie ein Regenbogen. Im tropischen Norden streifen Jaguare und Tapire durch immergrüne Urwälder, in der Puna grasen Lamas zwischen riesigen Kandelaberkakteen und der Kondor, der König der Lüfte, zieht seine Runden in der patagonischen Einöde. Rund um die karge Halbinsel Valdés treffen sich die Glattwale zu Paarung und Geburt. Auch die subtropischen Sümpfe um Corrientes sind ein Paradies für Tierbeobachter. Man gleitet übers Wasser, vorbei an Wasserschweinen, Kaimanen und den gefürchteten *jarará*-Schlangen.

EIN KOPFTUCH FÜR ALLE FÄLLE

Sie gehören mittlerweile zum Standardsortiment eines jeden Straßenkiosks: Kopftücher in allen Farben. Dahinter steckt kein Modetrend, sondern je nach Farbe ein politisches Bekenntnis: Grün steht für den Kampf um die Legalisierung von Abtreibungen, Hellblau ist die Farbe ihrer Gegner. Rosa steht für *Ni Una Menos,* etwa „Keine (Frau) weniger". Mit diesen Worten forderten 2015 Hunderttausende Argentinierinnen ein Ende der Gewalt gegen Frauen; daraus ist ein lateinamerikaweites Netzwerk entstanden. Doch warum das Kopftuch? Auch das hat mit einer Gruppe mutiger Frauen zu tun: Ab 1977, während der Militärdiktatur, trafen sich jeden Donnerstag Mütter auf der Plaza de Mayo und forderten Aufklärung über das Schicksal ihrer verschwundenen Kinder. Das Erkennungszeichen der *Madres de Plaza de Mayo:* eine um den Kopf gebundene, weiße Stoffwindel. Seither stehen ihre weißen Kopftücher weltweit für den Kampf um Menschenrechte.

DIE ANDEREN WURZELN

Die Mexikaner stammen von den Azteken ab, die Peruaner von den Inkas, die Argentinier von den Schiffen, heißt es. Gemeint ist: von den Europäern, die am Río de la Plata ihr Glück suchten. Man definiert sich selbst gern als „weißes" Land Lateinamerikas. Die Schiffe, die im 16. Jh. Zehntausende versklavte Afrikaner nach Buenos Aires transportierten, werden dabei genauso ignoriert wie die Tatsache, dass Argentinien vor dem Eintreffen der spanischen Eroberer keineswegs unbesiedelt war. Zwischen Patagonien und der Puna lebte eine Vielzahl indigener Völker. Im 19. Jh. führte General Julio Argentino Roca einen brutalen Ausrottungsfeldzug gegen sie. Der sogenannte Wüstenkrieg sicherte der europäisch-argentinischen Elite gigantischen Grundbesitz. Die meisten Nachfahren der Indigenen leben bis heute verarmt an den Rändern der Städte oder bedrängt von großen Rinderweiden und Sojafarmen.

DIE LIEBE ZUM DOLLAR

Wenn es eine Konstante gibt in Argentiniens dauerkriselnder Wirtschaft, dann ist es die Inflation. Ende der 1980er-Jahre kam es gar zur Hyperinflation und der Versuch, die Währung zu stabilisieren, indem man sie an den US-Dollar koppelte, endete 2001 mit dem Staatsbankrott. Nach einer kurzen Verschnaufpause liegt die Teuerungsrate heute wieder bei fast 100 Prozent. Kein Wunder also, dass die Argentinier wenig Vertrauen in ihr Bargeld haben. Wer etwas zum Sparen übrig hat, spart in US-Dollar, steckt diese unter die Matratze oder schafft sie ins Ausland. Das wiederum bricht dem argentinischen Finanzsystem regelmäßig das Genick. Und so ziehen die Regierungen, egal ob Liberale oder Linke, immer mal wieder die Reißleine und beschränken den Devisenwechsel. Dabei gilt: Je knapper die Dollar, desto begehrter sind sie, desto höher ihr Kurs, desto blühender der Schwarzmarkt – ein Teufelskreis. Was das alles für Touristen bedeutet? Nicht auf Kreditkarten vertrauen, sondern immer auch mit Bargeld reisen! Fast überall werden Dollar und Euro gern akzeptiert. Der Umtausch lohnt sich: Durch den schwachen Peso ist Argentinien wieder sehr viel billiger geworden.

INSIDER-TIPP
Nur Bares ist Wahres

LEBEN VON PAPIER

Mit ihren meterhoch beladenen Handkarren ziehen sie durch Buenos Aires und durchwühlen die Mülltonnen nach Verwertbarem wie Papier, Pappe und Karton: Die *cartoneros,* die Altpapiersammler, sind zum Symbol für die Verarmung Argentiniens geworden. Im Zuge des Staatsbankrotts 2001 rutschten ganze Familien ab. Mit dem

Rekordverdächtig: Ein Nandu auf der Flucht wird bis zu 60 Stundenkilometer schnell

Verkauf von Wertstoffen hielten sie sich über Wasser; daraus entstand das erste System für Recycling, das heute sogar von der Stadtverwaltung gefördert wird. Gleichzeitig ist daraus ein soziales Netzwerk gewachsen, das für die Rechte all jener Arbeiter kämpft, die aus dem offiziellen System ausgeschlossen sind. Diese Basisbewegungen mischen heute entscheidend mit in Argentiniens Politik.

GLAUBENSSACHE

Gott ist Argentinier – davon sind sie am Río de la Plata schon seit dem Sololauf Maradonas bei der WM 1986 gegen die Engländer überzeugt. Seit der Wahl von Jorge Mario Bergoglio zum Papst besteht auch für die wenigen Nicht-Fußballfans kein Zweifel mehr daran. Argentinien, obwohl von der Verfassung her säkular, ist ein religiöses Land. Zwar praktiziert man den Katholizismus weniger im Alltag, aber die Institution Kirche hat großen Einfluss auf Politik und Gesellschaft. Das sorgt für Konflikte, etwa bei der Debatte um die Legalisierung von Abtreibungen.

PAMPA-COWBOYS

Sie gelten als die wahren Herren der Pampa: die Gauchos, die hoch zu Ross, gigantische Viehherden dem Horizont entgegentreiben. Ihr Leben wurde besungen und oft auch verklärt – das argentinische Nationalepos „Martín Fierro" von José Hernández aus dem 19. Jh. ist ein Hohelied auf diese unabhängigen, rauen Gesellen, die als Outlaws durch die Pampa zogen und sich auf die Seite der Armen schlugen. Die Realität ist: Die exportorientierte Viehwirtschaft ab dem frühen 20. Jh. machte die Gauchos zu *peones,* zu prekär Angestellten auf den *estancias.* Die Gauchokultur wird dennoch hochgehalten, in Liedern, auf Folklorefesten, in der Mode und im Volksglauben: So pil-

Ein argentinischer Mythos: die Gauchos, Viehtreiber in den Weiten der Pampa

gern jedes Jahr Hunderttausende zur Wallfahrtsstätte des Gauchito Gil, einer Art argentinischer Robin Hood, der Wunder vollbringen soll. Ihm zu Ehren wirst du überall im Land rot geschmückte Altäre entdecken.

GAY-FRIENDLY

Nächster Halt: Regenbogen. Die neue U-Bahn-Linie H von Buenos Aires hat ihre Station an der Avenida Santa Fé dem LGBT-Aktivisten Carlos Jáuregui gewidmet. Das passt zu dieser Stadt, die stolz auf ihr weltoffenes und tolerantes Klima ist: Männer, die eng umschlungen Tango tanzen, Frauen, die sich auf der Straße küssen, eine Transgender-Abgeordnete – in Buenos Aires ist das normal. Auch das Gesetz ist fortschrittlich: 2010 legalisierte Argentinien als erstes Land in Lateinamerika die Homo-Ehe. Außerhalb der Städte, vor allem im konservativen Norden des Landes, wiegen Machokultur und Kirche jedoch nach wie vor schwer.

¡NUNCA MÁS! NIE WIEDER!

Es gehört zu den beeindruckendsten und bewegendsten Erlebnissen in Argentinien, einen 24. März in Buenos Aires zu erleben. Hunderttausende kommen im Zentrum rund um die Plaza de Mayo zusammen. Gemeinsam protestieren sie gegen das Vergessen der Verbrechen der grausamen Militärdiktatur. Die Generäle putschten sich am 24. März 1976 an die Macht. In Kooperation mit Militärregimes in ganz Lateinamerika verfolgten sie alle, die in ihren Augen „linkssubversiv" waren. Zehntausende Menschen wurden ge-

KLISCHEE KISTE

FLEISCH IST IHR GEMÜSE

Wenn du in der Pampa etwas Vegetarisches bestellst, bekommst du meistens Hühnchen serviert. Verzeih ihnen! *Carne,* Fleisch, ist in Argentinien rot und kommt vom Rind. Fast 53 kg Rindfleisch wird jedes Jahr pro Kopf verzehrt, am liebsten gegrillt in dicken Stücken mit ordentlich Fett als Geschmacksträger. Außer Feuer und grobem Salz darf nichts dran, Grillanzünder gelten als Todsünde. Und ja, es schmeckt auch einfach himmlisch. Trotzdem dürfen auch Vegetarier sich durchaus auf den Argentinientrip freuen – immer häufiger landet auch Gemüse auf dem Grill, in Buenos Aires gibt es inzwischen sogar rein vegetarische Grillrestaurants.

FUSSBALLGÖTTER

Maradona, Messi, Di María: Argentinien ist das Land der Fußballgötter. Die Nationalelf wird verehrt, der Club ist heilig, die Stimmung im Stadion ekstatisch. Aber: Nirgendwo sonst gibt es auch so gewaltbereite Ultras *(barras bravas)* und so viele Korruptionsskandale. Trotz WM-Titel steckt die heimische Liga in der Krise. Neuen Kick gibt es ausgerechnet von denen, die im Machosport bisher nie ernst genommen wurden: Argentiniens Frauenfußball boomt, auch wenn das der Fußballverband AFA bisher nur bedingt annimmt.

foltert, ermordet oder verschwanden in Nacht-und-Nebel-Aktionen spurlos. Gefangenen Müttern wurden ihre Babys geraubt. Schon bald nach der Rückkehr zur Demokratie wurden Prozesse gegen die Militärs durch Amnestiegesetze ausgehebelt. Es waren die Angehörigen, allen voran die *madres* und *abuelas,* die Mütter und Großmütter der Verschwundenen, die weiter auf Aufklärung drängten.

DIESE FELSEN GEHÖREN MIR

Las Malvinas son nuestras („Die Malwinen gehören uns"): Der Slogan prangt auf Plakaten, Geldscheinen, Aufklebern, Argentinische Kinder lernen ihn in der Schule. Kurz zusammengefasst, geht es um zwei karge Felsen im Südatlantik, bei uns bekannt als Falklands, auf die Argentinien seit mehr als einem Jahrhundert Anspruch erhebt. 1833 hatte sie Großbritannien besetzt und die wenigen argentinischen Siedler vertrieben. Der Konflikt gipfelte 1982 in einem bizarren Krieg mit mehr als 1000 Toten, angezettelt von Argentiniens Putschgenerälen. Die knapp 3000 Inselbewohner, Kelper genannt, stimmten 2003 klar für einen Verbleib bei Großbritannien, während die Uno die argentinischen Bemühungen unterstützt, die Inseln zu dekolonisieren.

DON'T CRY FOR ME, ARGENTINA

Blonder Dutt, gereckte Faust, wortgewaltige Kapitalismuskritik: An Evita Perón (1919–1952) kommt in Argentinien keiner vorbei. Ihr früher Tod machte sie zum Mythos. Den einen gilt sie als „Engel der Armen" und Vorkämpferin des Feminismus, andere sehen sie als machtgierige Populistin, die Wohltätigkeit als bloße Show inszenierte. Fakt ist: Ohne Eva Perón lässt sich die Geschichte Argentiniens nicht verstehen. Gemeinsam mit ihrem Ehemann, dem 1946 zum Präsidenten gewählten General Juan Domingo Perón, begründete sie den Peronismus. Sie hatten die Zeichen der Zeit erkannt: Ein reiches, aber zutiefst ungleiches Argentinien schrie nach sozialen Reformen. Perón schuf den ersten Wohlfahrtsstaat Lateinamerikas, Evita gab den Besitzlosen eine Stimme. Die traditionellen Eliten und das kritische Bürgertum wurden zum Feindbild. *Viva el Cáncer* („Es lebe der Krebs") pinselten die auf die Wände, als Evita starb. Der Peronismus kommt seither mal links daher, mal rechts, mal pragmatisch, mal ideologisch, mal huldigt er dem Markt, dann setzt er wieder auf Vater Staat. Bis heute ist der Peronismus die wichtigste politische Strömung Argentiniens, der genauso diffuse Antiperonismus der wichtigste Wahlhelfer der Opposition.

GRÜNE WÜSTE

Rinderherden unter weitem Pampahimmel? Gibt es zwar noch, auf den meisten Flächen aber wächst Soja. Seit Argentinien 1996 genveränderte Saaten zuließ, hat sich das fruchtbare Weideland zunehmend in eine grüne Wüste verwandelt. Die Sojaplantagen sorgten für Aufschwung, getrieben von Rekordpreisen, Chinas Rohstoffhunger und Europas Nachfrage nach BSE-freiem Futter. Für die einen regnete es Dollar, für andere Chemie. Hunderte Millionen Liter an Pestiziden

Vom verrufenen Tanz der Hafenspelunken zum Weltkulturerbe: Tango

wie Glyphosat gehen jährlich auf Argentiniens Felder nieder – und mit ihnen auf die Landbevölkerung. Krebs und andere Erkrankungen nehmen zu.

UMARMUNGSKÜNSTLER

Entstanden an den Ufern des Río de la Plata, spiegelt sich im Tango die Sehnsucht der Millionen Einwanderer wider, die in Argentinien eine neue Zukunft suchten. Weniger bekannt ist, dass die Seele des Tango einen deutschen Ursprung hat: das Bandoneon. Die Knopfharmonika wurde 1840 vom Krefelder Musiklehrer Heinrich Band entwickelt, ihren Durchbruch allerdings erlebte sie erst in den Hafenkaschemmen von Buenos Aires. Gemeinsam mit spanischen Gitarren und afrikanischen Rhythmen entstand der unverwechselbare Sound der Einwanderermetropole. Die Schritte waren anrüchig, die Texte rau. Gesellschaftliche Anerkennung fand der Tango erst, als 1907 in Paris die ersten Schallplattenaufnahmen gemacht wurden. Mitte des 20. Jhs. eroberte die ehemalige Spelunkenmusik die Pariser Salons, der Tango Nuevo später die Konzerthäuser. Heute ist eine junge Generation dabei, den Staub des letzten Jahrhunderts abzuschütteln.

PROTEST-HOCHBURG

Du wolltest nur auf Sightseeingtour gehen und stehst plötzlich mitten in einer Masse Menschen, die trommeln, Fahnen schwingen und lautstark Parolen rufen? Alltag in Buenos Aires. In kaum einer anderen Stadt wird so viel demonstriert. Dabei wird die Straße zur Bühne, wird kollektiv auf Töpfe geschlagen oder tagelang Mahnwache vor dem Kongress gehalten. Weniger kreativ, dafür gefürchtet sind die großen *paros* (Streiks), bei denen die Gewerkschaften oder Bauernverbände ihre Macht ausspielen, oder die *piquetes,* wenn die Arbeitslosenbewegung Straßen und Brücken blockiert.

ESSEN SHOPPEN SPORT

Der Berg ruft – von der Puna ganz im Norden bis zu den Gletschern Patagoniens

ESSEN & TRINKEN

RAN AN DIE KUH!

Ohne ★ ⚑ *asado* ist das Wochenende kein Wochenende, heißt es in Argentinien. Das Grillen ist mehr als Essen, es ist ein Lebensgefühl und dafür braucht es Zeit: Schon das Feuermachen ist ein Ritual, über das stundenlang gefachsimpelt wird, am besten mit einem guten Glas Wein. In bester Gauchomanier werden dann Fleischberge vom Gewicht einer halben Kuh auf den Rost gehievt.

Verspeist wird alles: das zarte Filetstück *bife de lomo,* das saftige *bife de chorizo* aus der Lende, *costillas* (Rippen), *vacío* (Flanke), *chorizo* und *morcilla* (Brat- und Blutwurst) und auch die Innereien. Trau dich: Besonders die *mollejas,* das Kalbsbries, sind ein Erlebnis. Dazu gibt es ⚑ *chimichurri* – die typische argentinische Kräutersauce – und Salat. Hoffnungsschimmer für Vegetarier: Auch Käse *(provoleta)* und Gemüse sind längst kein Tabu mehr auf dem Grillrost.

INSIDER-TIPP
Genuss from Nose to Tail

Ganz wichtig in jedem Fall: Der *asador,* der Grillmeister, wird am Schluss mit Applaus geehrt. Alternativ lädt an fast jeder Straßenecke eine *parrilla,* ein Grillrestaurant, zum deftigen Schmaus. Während man in Nord- und Zentralargentinien Rind bevorzugt, wird in Patagonien hauptsächlich Lamm gegrillt.

JE SPÄTER, UMSO ÜPPIGER

Zum Start erst mal ein reichhaltiges Frühstück? Vergiss es! Im Hotel gibt es meist nur Kaffee mit *medialunas* (Hörnchen) oder *tostadas* (getoastetes Weißbrot). Die Argentinier schlürfen morgens ohnehin am liebsten Matetee, heiß aufgegossen und mit Metallröhrchen *(bombilla)* getrunken. Das Gebräu aus getrockneten Blättern des Matestrauchs geht auf die Guaraníindianer zurück. Der Tee schmeckt

Auf den Rost kommt so ziemlich alles: Ein *asado* ist was für die Wenn-schon-denn-schon-Fraktion

eher bitter, dafür nimmt er dir erst mal den Hunger und macht fit für den Tag. Zu Mittag gegessen wird kaum vor 13 oder 14 Uhr. Wer nicht so lang durchhalten mag, steuert eine *cafetería* oder *confitería* an. Auch Sandwiches und *picadas* (Fingerfood) sind eine Alternative. Abends öffnen die Restaurants allgemein erst ab 20 oder 21 Uhr, dafür bekommt man in Buenos Aires auch noch nach 23 Uhr problemlos etwas Warmes. Für beliebte Restaurants empfieht sich – ganz besonders am Wochenende – eine Reservierung.

DEN ALLTAG BESTIMMT ITALIEN

Die heilige Dreifaltigkeit der Alltagsküche heißt *milanesa, pizza, pasta.* Und am 29. jedes Monats ist *día de ñoquis* (Gnocchitag). Hintergrund: Am Monatsende wird das Geld meist knapp, die aus Kartoffelteig gekneteten *ñoquis* sind günstig und machen satt. Das argentinische Pendant zum panierten Schnitzel heißt *milanesa,* gern auch *a la napolitana* mit Tomatensauce, Schinken und Käse überbacken. Auch die argentinischen Pizzas sind eine Ansage: Normalerweise wird mit Mehl und Mozzarella derart reichlich hantiert, dass von einer Pizza drei bis vier hungrige Mägen gefüllt werden.

EINWANDERERKÜCHE

Doch nicht nur Italien bestimmt die Speisekarten: Aus argentinischen Töpfen dampft dir die ganze Einwanderungsgeschichte des Landes entgegen: Da gibt es Paella und *pastrón* (Pastrami), Sushi, Kibbeh oder Kimchi. *Guisos* (Eintöpfe) erinnern an die spanischen Großmütter. Und schließlich lassen die Namen mancher Gerichte, wie etwa *ensalada rusa* (Kartoffelsalat mit Gemüse und Mayonnaise) oder *leberwurst* und *strudel,* die Geschichte der Einwanderer aus Weißrussland

Unabdingbar für den stilechten Mategenuss: die metallene *bombilla*

und Deutschland anklingen. In Buenos Aires hat jede Community ihre Vereine oder Viertel; dort findest du die besten Restaurants mit authentischer Atmosphäre.

In den letzten Jahren kommen die Migranten vor allem aus Lateinamerika – im Gepäck: *ceviche, tacos* und *arepas.* Dazu entdecken junge Latinochefs lang vergessene einheimische Zutaten und Rezepte wieder: Superfood wie Quinoa, *olluco*-Knollen oder alte Maissorten aus den Anden werden mit modernen Küchentechniken aufgemischt. Dabei wird zunehmend auf *consumo justo* gesetzt, faire Lieferketten, bei denen indigene Kooperativen, Kleinbauern und Bioproduzenten eingebunden werden.

SÜSSE SÜNDEN

Facturas heißen süße Teilchen in Argentinien. Klassiker sind die *medialunas,* süße Hörnchen in Halbmondform; daneben gibt es Torten, in Öl Ausgebackenes oder Gefülltes, gern mit der sündhaften Karamellcreme *dulce de leche,* die auch den Kern der beliebten *alfajores*-Kekse bildet. *Dulce de leche* gehört auch zum *flan,* der argentinischen Variante der Crème brûlée. Fruchtig-Frisches findest du am besten in gefrorener Form: Argentiniens Eiscreme kann es locker mit den besten *gelati* Italiens aufnehmen. Beliebteste Sorte natürlich auch hier: *dulce de leche,* am liebsten *granizado* (mit Schokostückchen).

FEINE TROPFEN

Argentinien ist ein Weinland. Das Juwel unter den Roten heißt Malbec, ein kraftvoller, purpurfarbener Wein. Zwar liegt sein Ursprung in Frankreich, die von der Sonne verwöhnten Andentäler bekommen der Rebsorte allerdings besonders gut. Probier auch mal den in Patagonien angebauten Pinot Noir oder die frischen Torrontés-Weißweine aus den Hochtälern Saltas.

Auch Biertrinker bleiben nicht durstig: In den letzten Jahren hat ein regelrechter Craftbier-Boom eingesetzt. Als Aperitif bestellt man gern einen *vermú,* einen Wermut, am besten mit Soda frisch aufgespritzt aus dem *sifón* (Sprudelflasche). *Champán* oder *espumante* (Sekt) wird dagegen meist erst zum Nachtisch getrunken. Die besten Durstlöscher sind hausgemachte Limonaden oder frisch gepresster Orangensaft.

Unsere Empfehlung heute

Vorspeisen

BERENJENAS EN ESCABECHE
Eingelegte Auberginen

EMPANADAS
Mit Fleisch gefüllte Teigtaschen

HUMITA
In Maisblättern gedünsteter Maisbrei

MOLLEJAS AL VERDEO
Kalbsbries mit Frühlingszwiebeln

LENGUA EN ESCABECHE
Eingelegte Rinderzunge

CHORIPÁN
Eine *chorizo* (eine kurze Schweinefleischwurst) im Brot *(pan)*

Hauptgerichte

BIFE DE CHORIZO
Rumpsteak

CARBONADA
Eintopf aus Kürbis, jungen Maiskolben, Pfirsichen und Fleisch

SORRENTINOS
Große, mit Schinken und Käse gefüllte Nudeltaschen

LOCRO
Eintopf mit Mais, Kürbis und Fleisch

ÑOQUIS CON ESTOFADO
Gnocchi mit Rindergulasch

PASTEL DE CARNE
Hackbraten im Kartoffelmantel

MATAMBRE ARROLLADO
Rollbraten aus Rinderzwerchfell mit Gemüse und Ei

PUCHERO
Eintopf in klarer Brühe mit Gemüse und Rindfleisch

Desserts

FLAN CON DULCE Y CREMA
Eierpudding mit Karamellcreme und Sahne

ARROZ CON LECHE
Milchreis

BUDÍN DE PAN
Brotpudding mit Milch, Eiern und Rosinen

QUESO Y DULCE
Weichkäse mit festem Quittengelee

SHOPPEN & STÖBERN

GAUCHO-BASICS

Schuhe, Gürtel, Taschen oder Jacken sind in Argentinien günstig zu haben. Besonders schön: das weiche *carpincho*-Leder aus der Haut der Wasserschweine. Ansonsten bist du auch mit dem klassischen Poncho gut gegen kalte Wintertage gewappnet. Und ein echtes Gaucho-Messer mit kunstvoll verziertem Horngriff schindet auf jeder Grillparty Eindruck. Nicht vergessen: in den Koffer packen, sonst bist du es am Flughafen wieder los!

KULTGETRÄNK MIT RÖHRCHEN

Auf den Geschmack von Mate gekommen? Dann brauchst du Trinkgefäß *(mate),* Trinkröhrchen aus Metall *(bombilla)* und das Teekraut *(yerba).* Schöne, handverzierte Gefäße bekommst du auf Märkten oder in Souvenirshops: klassisch aus der Kürbisschale, edel aus Leder oder poppig aus bunt bemaltem Ton. Den Tee selbst gibts in jedem Supermarkt. Wichtig: Trinkbehälter vor dem ersten Gebrauch 24 Stunden mit feuchter *yerba* stehen lassen! *Curar el mate* heißt das.

INSIDER-TIPP
Lifehack für Matetrinker

FÜR UNIKATJÄGER

Argentinien ist ein Paradies für Stöberer: Auf den bunten Märkten in Salta oder Jujuy findest du kunstvoll gewebte Teppiche, handverzierte Keramiken, geheimnisvolle Tiermasken oder Schnitzereien aus dem Holz der *cardones,* der riesigen Kandelaberkakteen. Retrofreaks bekommen Herzrasen in den (Floh-)Markthallen von Buenos Aires mit antiken Schätzchen, altem Landhauskrimskrams und Emailschildern. Vintageklamotten von schick bis trashig findest du in Secondhandshops, *feria americana* genannt. Und junge Handwerker hauchen Design der Belle Époque neues Leben ein wie die hippe Schusterwerkstatt *28Sport*

Flohmarkt in San Telmo (re.): Vielleicht findest du hier deinen persönlichen Matebecher (li.)

INSIDER-TIPP
Ewige Treter mit Seele

(28sport.com) in Buenos Aires. Sie legt Sportschuhe aus den 1930ern und 1940ern neu auf, in bester Qualität und, wie es heißt, für die Ewigkeit. Wer mehr auf Zeitgenössisches steht, ist im Stadtteil Villa Crespo richtig: Hier hat sich die pulsierende junge Kunstszene angesiedelt. In den kleinen Galerien lassen sich noch echte Schnäppchen finden.

FUSSBALLERS HEILIGE FARBEN

Ein Trikot im Himmelblau-Weiß der Nationalmannschaft gehört zur argentinischen Standardgarderobe, am besten mit der legendären Rückennummer 10. Die wahre Leidenschaft hängt allerdings am lokalen Verein – ob Boca Juniors, River Plate oder San Lorenzo: In den Sportläden der Straßen Florida und Lavalle hast du die Qual der Wahl. Dabei gilt: Die Farben sind heilig. Im Independiente-Fanblock mit Racing-Shirt aufzukreuzen ist absolut tabu und kann dich ernsthaft in Gefahr bringen.

UNVERWECHSELBAR PORTEÑO

Schnörkel, Blumen, Ranken zieren in Buenos Aires Werbeschilder, Hauswände und Busse. *Filete porteño* (auch: *fileteado*) heißt diese typische Art der Werbemalerei, die sogar zum Unesco-Weltkulturerbe gehört. In den alten Werkstätten in San Telmo kannst du dir dein eigenes, stilechtes Namensschild malen lassen.

FÜR ROSS UND REITER

Pferdeliebhabern werden die leichten Sättel und weichen Satteldecken aus Schaffell gefallen. Dazu gehören Steigbügel aus Holz und Reitgerten aus geflochtenen Lederstreifen. Die argentinischen Reithosen, die *bombachas*, und andere Reitsportartikel bekommst du in *talabarterías* überall im Land.

SPORT

„Ab in die Pampa": Reiter dürfen das ganz wörtlich nehmen. Dazu bietet die 4000 km lange Andenkordillere spektakuläre Gipfel, zerklüftete Schluchten und wilde Flüsse – Argentinien ist das Outdoor-Paradies schlechthin.

BERGSTEIGEN & TREKKING

Die Berge rufen, und zwar von der Puna im Norden bis zu Patagoniens Gletschern. Beliebte Touren führen durch den *Aconcagua-Naturpark (aconcagua.mendoza.gov.ar)* rund um den 6962 m hohen Giganten und zum *Cerro Torre* und zum *Fitz-Roy-Massiv* in Patagonien. Keine Angst: Für die Rundwege ab El Chaltén zu den atemraubenden Zacken und Felstürmen brauchst du zwar gute Kondition, aber sie sind auch für Familien machbar. Wer höher hinauswill, findet die besten Infos bei den Parks selbst oder bei der *Asociación Argentina de Guías de Montaña (aagm.com.ar)*. Weniger bekannt, aber genauso spektakulär sind die in allen Farben leuchtenden Landschaften Catamarcas im Nordwesten. Die Aufstiege auf die Fünf- und Sechstausender dienen vielen Himalajaexpeditionen als Training. Bereits auf der Landstraße von Fiambalá zum Paso de San Francisco an der chilenischen Grenze kommt man auf 4750 m Höhe. Auskunft und Kontakt: *Alta Catamarca (altacatamarca.tur.ar)*.

LAUFEN

Ende September/Anfang Oktober findet der Marathon von Buenos Aires statt *(maratondebuenosaires.com)*, aber fast jedes Wochenende (mit Ausnahme der heißesten Sommermonate Januar/Februar) finden in verschiedenen Regionen Cross-Country-Läufe oder andere Wettbewerbe statt – für Runner eine spektakuläre Alternative, die Berglandschaften Mendozas oder Pa-

Im Südwinter wird Patagonien zum Wintersportziel

tagoniens kennenzulernen. Auskunft: *Club de Corredores (clubdecorredores.com)*

MOUNTAINBIKING

Mountainbiking ist erst in den letzten Jahren popuär geworden, doch mittlerweile findest du rund um Bariloche und Mendoza zahlreiche Angebote und Radverleihe (Informationen bei den lokalen Touristenämtern). Für eher ruhigere Touren empfehlen sich die sanften Hügel der Sierras de Córdoba; dort kannst du auch imemr wieder absteigen und in kalte Bergflüsse springen.

ANGELN

Der frühe Wurm fängt den Fisch, in tropischen Flusslandschaften, im windigen Atlantik oder im Eiswasser Patagoniens. Lizenzen gibt es meist in den Anglerläden oder bei der Touristeninformation. Die klaren und kalten Gewässer des Südens, in denen sich Lachse und Forellen tummeln, laden zum Fliegenfischen ein (Touren ab Bariloche). Einsamer und wilder wird es um den schönen Río Aluminé nahe Junín de los Andes. Informationen bei der *Asociación Argentina de Pesca con Mosca (aapm.org.ar)*. In den Flussarmen und Sümpfen des tropischen Nordostens kannst du *dorados* oder den bis zu 70 kg schweren *surubí* fischen. Guter Startpunkt für Ausflüge ist Goya in der Provinz Corrientes. Mehr als Angeln bieten die traditionellen Flussfischer in Paraná, die *Baqueanos del Río* (s. S. 104). Auf ihren schlanken Booten geht es durch die üppige Natur und die geheimnisvollen Legenden der Inselwelt des Paraná, dazu ein Lagerfeuer und der frisch gegrillte Fang. Wer es lieber salzig mag, fährt zum Lachsfischen in den Atlantikhafen von

INSIDER-TIPP
Flussfischen mit Seemannsgarn

Mar del Plata. Zahlreiche Agenturen bieten vom Hafen aus Touren inklusive Gerät für Hochseeangler an, z. B. *Turimar (Facebook)* oder *Aquafish (aqua fish.com.ar)*.

REITEN

Geplant oder ungeplant, irgendwann landen in Argentinien alle auf einem Pferderücken. Auf jeder dem Tourismus geöffneten *estancia* werden Ausritte angeboten. Für echte Pferdenarren empfehlen sich mehrtägige Touren, vom nassen Ritt durch die tropischen Sümpfe bis zur anspruchsvollen Andenüberquerung. Dressurreiten bieten die zahlreichen geschichtsträchtigen Reitclubs in Buenos Aires an, z. B. der *Club Alemán de Equitación (clubalemandeequitacion.com)*. Unvergesslich ist auch der Besuch eines Poloturniers oder eines Pferderennens im schicken *Hipódromo* von Palermo.

RAFTING & KAJAKFAHREN

Wilde Flusslandschaften, zerklüftete Felsen, eisblaues Wasser: In den Anden haben Wildwasserratten einen Heidenspaß, besonders zur Schneeschmelze in den Sommermonaten (November bis April). Auf die Flüsse *Río Mendoza* und *Río Diamante* sollten sich eher die Fortgeschrittenen wagen. Familientauglich ist dagegen der spektakuläre *Cañón del Atuel* bei San Rafael, der als Grand Canyon Argentiniens gilt. Ausgangspunkt für al-

Im Land der Gauchos ist Reiten natürlich eine Paradedisziplin

lerlei Aktivitäten – Canyoning, Reiten, Mountainbiking – ist das gut ausgestattete Tourismuszentrum *Valle Grande.* Weiter südlich, nahe Bariloche, lockt der *Río Manso,* der sich durch den Nationalpark *Nahuel Huapi* bis an die chilenische Grenze zieht. Er teilt sich in drei Abschnitte mit unterschiedlichen Schwierigkeitsgraden.

TAUCHEN

Der Atlantik vor Puerto Madryn und um die Halbinsel Valdés gilt als das beste Tauchrevier der argentinischen Küste, geeignet sowohl für Experten als auch für unerfahrene Taucher. Zahlreiche Fische, manchmal auch Wale und Seelöwen, drei Schiffswracks und Algenwälder in Tiefen zwischen 4 und 30 m kennzeichnen die submarine Landschaft. Auskunft und Kontakt: *Scuba Duba (scubaduba.com.ar).*

SEGELN

Breit wie ein Meer, aber meist spiegelglatt – auf dem Río de la Plata scharen sich am Wochenende die Segelboote. Der lehmige, nur wenige Meter tiefe Grund erschwert allerdings die Navigation außerhalb der ausgebaggerten Kanäle. Auskunft geben die Segelclubs in San Isidro oder Olivos, z. B. *Club Náutico San Isidro (cnsi.org.ar), Club Náutico Olivos (nauticoolivos.org.ar)* oder der *Yacht Club Argentino (yca.org.ar)* in Puerto Madero sowie die *Federación Argentina de Yachting (fay.org).*

SEGELFLIEGEN

Dem Himmel so nah: In der weiten Pampa gibt es gute Gelegenheiten abzuheben. Vom *Club de Planeadores (cpz.com.ar)* in Zárate startete einst der Segelflugweltmeister Rolf Hossinger. Heute werden auch englischsprachige Kurse angeboten.

SKIFAHREN

In den Wintermonaten Juni bis August öffnen die Skigebiete rund um Bariloche *(catedralaltapatagonia.com),* Mendoza *(laslenas.com)* und – besonders spektakulär – auf Feuerland *(cerrocastor.com).* Wintersport ist in Argentinien kein Breitensport, sondern eher den Betuchten vorbehalten, die Preise haben es in sich. Trotzdem: Eine Abfahrt mit Blick auf den Beagle-Kanal oder den Aconcagua ist definitiv ein Highlight.

DIE REGIONEN IM ÜBERBLICK

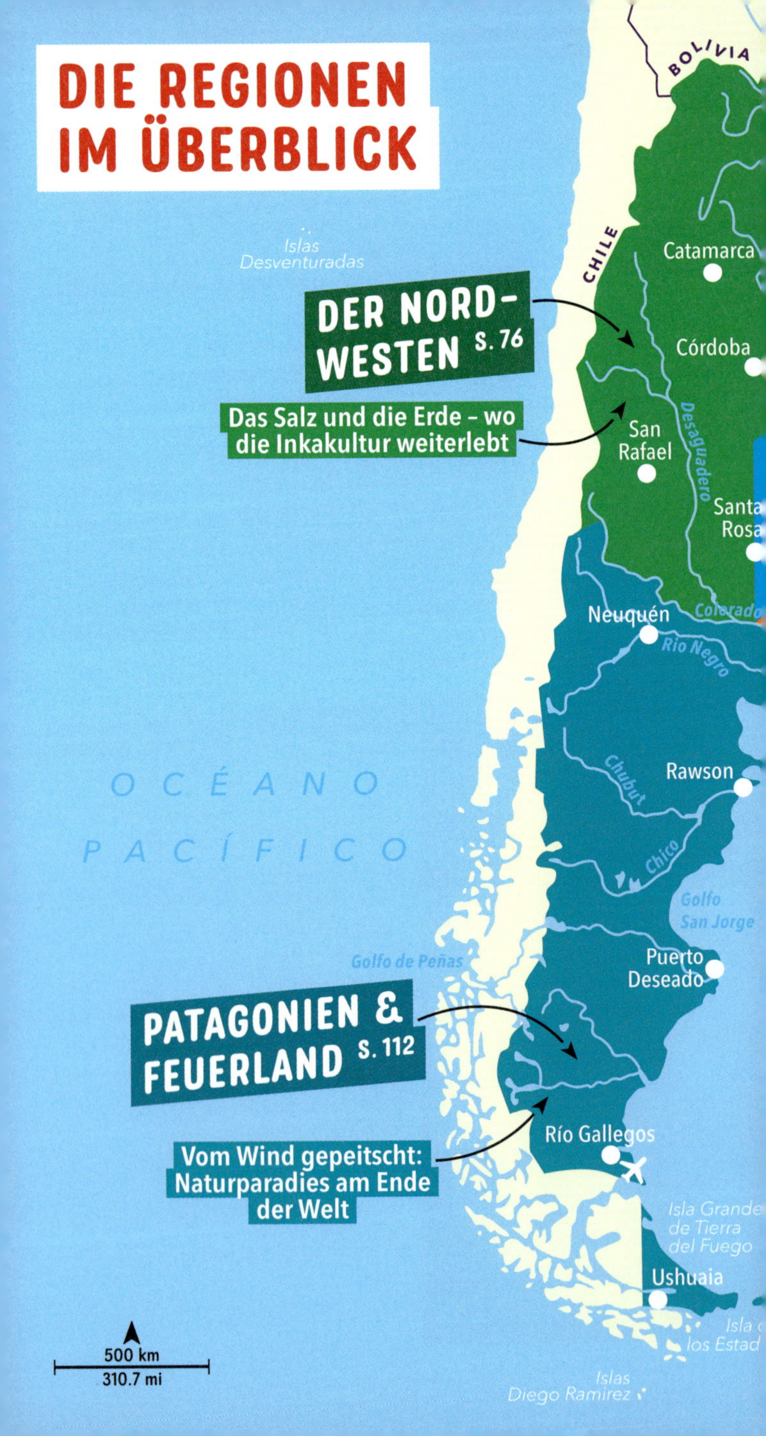

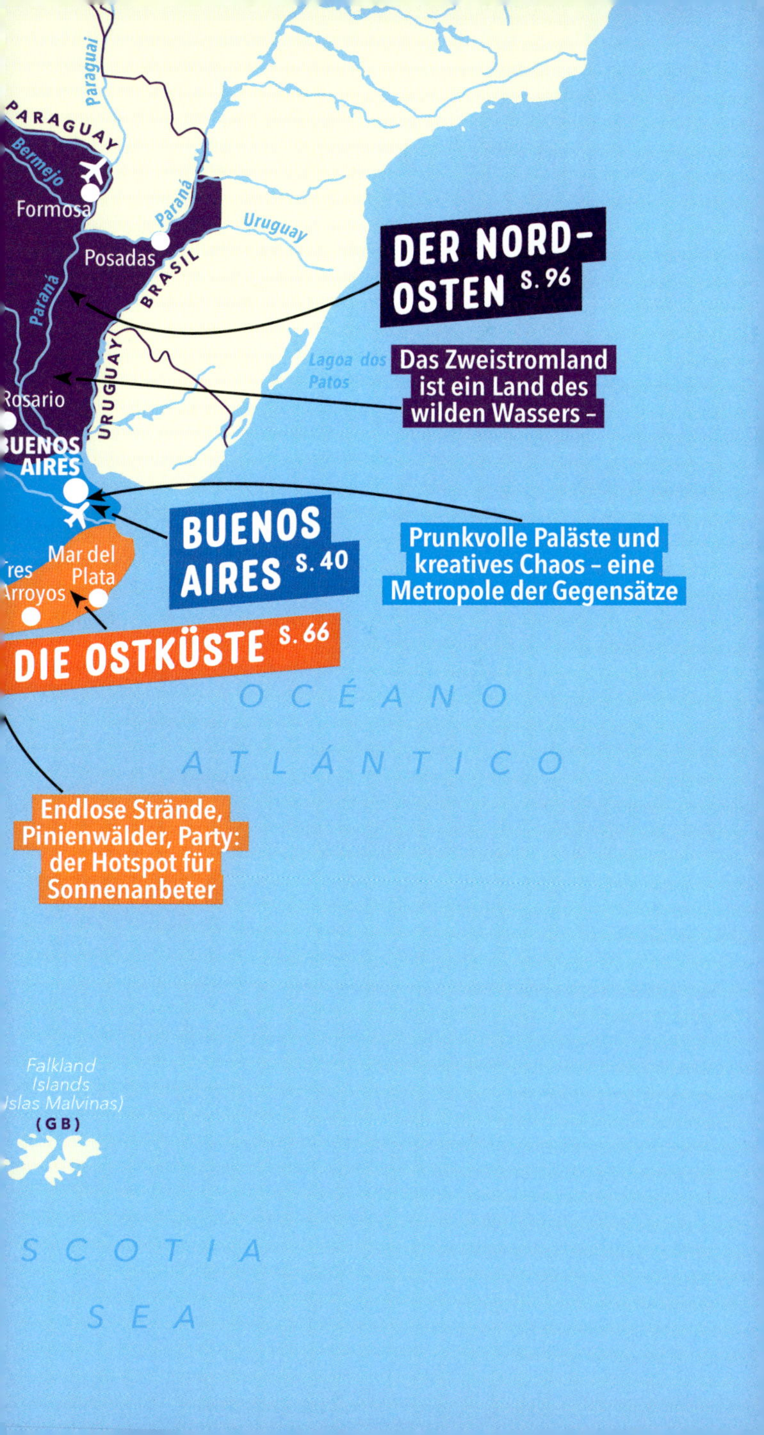
Paraguai
PARAGUAY
Bermejo
Formosa
Paraná
Posadas
BRASIL
Uruguay
Paraná
URUGUAY
Rosario
BUENOS AIRES
Lagoa dos Patos
DER NORD-OSTEN S. 96
Das Zweistromland ist ein Land des wilden Wassers –
BUENOS AIRES S. 40
Prunkvolle Paläste und kreatives Chaos – eine Metropole der Gegensätze
Mar del Plata
Arroyos
DIE OSTKÜSTE S. 66
OCÉANO ATLÁNTICO
Endlose Strände, Pinienwälder, Party: der Hotspot für Sonnenanbeter
Falkland Islands
(GB)
SCOTIA SEA

BUENOS AIRES

TEMPERAMENT UND TANGO AM SILBERFLUSS

Die breiteste Avenida, ein Fluss wie ein Meer, die saftigsten Steaks, die leidenschaftlichsten Tänzer und unsterbliche Ikonen, dazu die meisten Psychologen, Hundeausführer und Profifußballclubs: In Buenos Aires gibt es alles außer Bescheidenheit. Europa bleibt der Bezugspunkt der *porteños* genannten Einwohner, von dort kamen einst Millionen mit ihren Träumen von einer besseren Zukunft an den Río de la Plata. Damals galt Buenos Aires als Paris Südamerikas, wetteiferte mit New York.

Ein Cabrio im XXL-Format: Bus Turístico in der Innenstadt

Es folgten allerlei Krisen und wirtschaftliche Abstürze. „Hauptstadt eines Imperiums, das nie existiert hat", so beschrieb der französische Schriftsteller André Malraux die Metropole am Silberfluss. Neben Wolkenkratzern wachsen Armenviertel, Dekadenz verschmilzt mit Chaos, Melancholie mit modernem Lifestyle. Es sind diese Gegensätze, die Buenos Aires so einzigartig machen, diese Stadt, die niemals schlafen kann und doch immer träumt: vom großen Glück, das ihr immer und immer wieder durch die Finger rinnt.

BUENOS AIRES

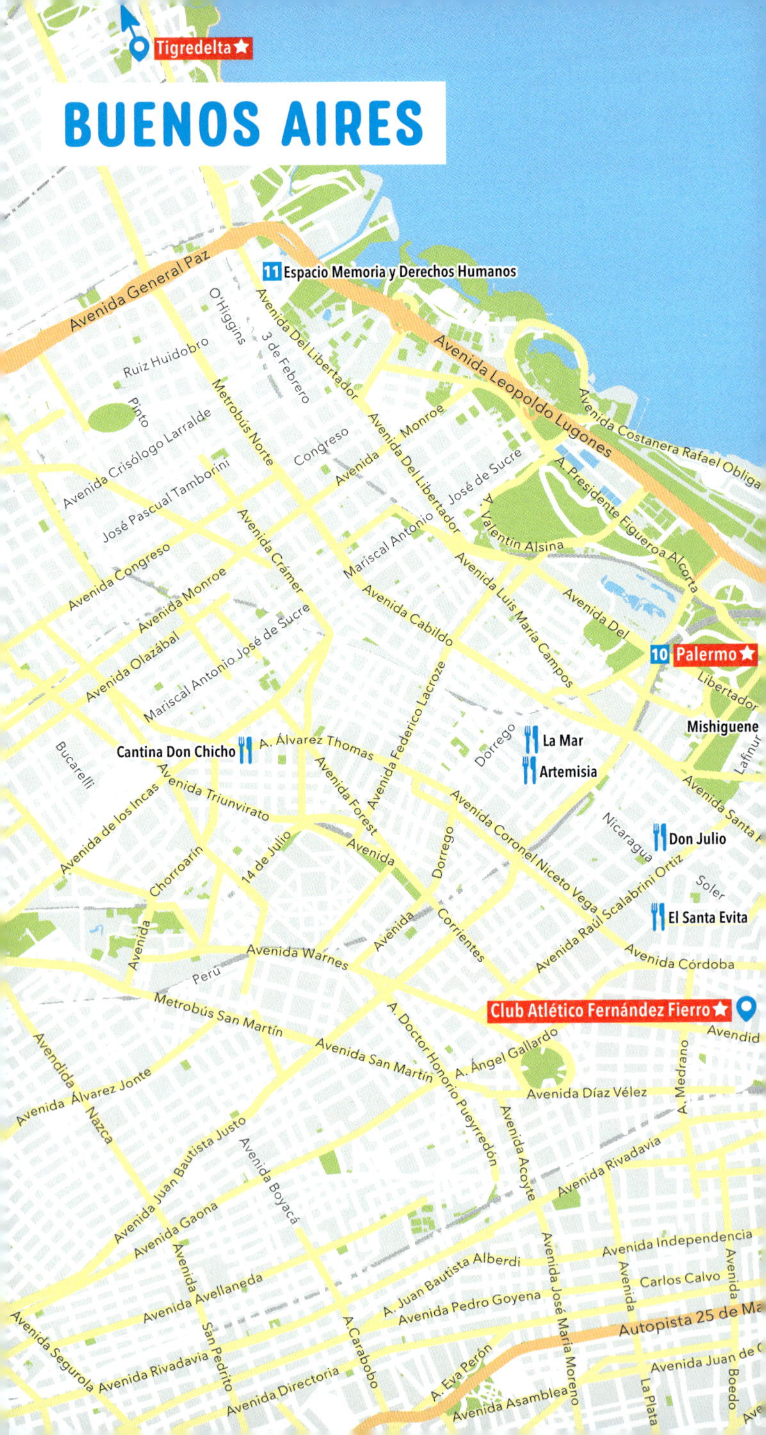

MARCO POLO HIGHLIGHTS

★ **LA BOCA**
Hafenviertel mit italienischem Flair und bunten Häusern ➤ S. 51

★ **MUSEO DE ARTE LATINOAMERICANO (MALBA)**
Moderne Kunst in modernem Gebäude – und dazu ein tolles Café ➤ S. 54

★ **PALACIO BAROLO**
Dantes „Göttliche Komödie" stand Pate beim Bau dieses architektonischen Meisterwerks ➤ S. 48

★ **PALERMO**
Parks, Patrizierpaläste, Design und Restaurants in den vier Ecken dieses Stadtteils ➤ S. 54

★ **SAN TELMO**
Lebendigstes und volkstümlichstes Stadtviertel von Buenos Aires ➤ S. 50

★ **TIGREDELTA**
Eine üppig bewachsene Inselwelt im Delta des Río Paraná ➤ S. 63

★ **TEATRO COLÓN**
Weltklassetheater am Río de la Plata ➤ S. 63

★ **CLUB ATLÉTICO FERNÁNDEZ FIERRO**
Eine ehemalige Werkhalle ist Treffpunkt der alternativen Tangoszene ➤ S. 62

★ **LA PLATA**
Die sehenswerte Stadt wurde 1880 symmetrisch am Reißbrett entworfen ➤ S. 64

Buenos Aires beginnt mit einem Scheitern: Die Expedition von Pedro de Mendoza, der 1536 erstmals die schlammigen Ufer des Río de la Plata erreicht, endet mit Hunger und Elend. Erfolgreicher war Juan de Garay, der es 1580 noch einmal versuchte. Trotzdem dümpelte die Stadt zunächst 200 Jahre als Schmugglerhafen vor sich hin. Erst 1776, als Buenos Aires zur Hauptstadt des Vizekönigreichs Río de la Plata wird, geht es voran – und ab 1870 strömen Millionen europäische Einwanderer in die „Königin am Silberfluss", vor allem Italiener, aber auch Spanier, Araber, Armenier, Weißrussen und viele andere. Einige ihrer Geschichten erzählt das *Museo de la Inmigración (Di–So 11–18 Uhr | Av. Antártida Argentina 1355 | untref.edu.ar/muntref/museo-de-la-inmigracion)* im Originalbau des einstigen Aufnahmezentrums Hotel de Inmigrantes.

Heute ist die Stadt ein riesiges Schachbrett, das sich vom schlammbraunen Río de la Plata in die Einsamkeit der Pampa hineinfrisst. Allein die Bundeshauptstadt, *la Capital Federal,* das Zentrum von Buenos Aires, zählt rund 3 Mio. Ew. Dazu kommen weitere gut 13 Mio. in den 24 Vorstädten. Jeder dritte Argentinier lebt hier. Viele Vorstadtbewohner pendeln zur Arbeit ins Stadtzentrum. Morgens und abends ist das Verkehrschaos deshalb programmiert. Gern schimpft man über Krach, Krisen und Chaos und lässt doch nichts kommen auf den geliebten Moloch voller Kultur und Kreativität. „Die Straßen von Buenos Aires haben dieses … was weiß ich", heißt es in einem berühmten Tango.

Und wirklich: Die Magie erschließt sich beim Flanieren, jedes Viertel ist anders, jedes voller Überraschungen. Besonders schön ist es im Frühsommer, wenn die lilafarbenen Jakarandabäume blühen. Hipster schlürfen ihren *cortado,* den Kaffee mit einem Schuss Milch, am liebsten im Bohemeviertel San Telmo. Palermo bezaubert mit kleinen Boutiquen und jeder Menge Parks, das Hafenviertel Puerto Madero bietet Glanz und Glamour, im eleganten Recoleta fühlt man sich wie in Paris oder Madrid.

Aus Argentiniens Glanzzeiten um 1900 datiert auch das Teatro Colón, ein Opernhaus der Weltklasse. Es liegt an der Avenida 9 de Julio, der angeblich breitesten Straße der Welt – nur im Sprint schaffst du die 140 m in einer Ampelphase. Am Obelisken, dem Wahrzeichen der Stadt, kreuzt die Avenida Corrientes: der Broadway Südamerikas mit Dutzenden Theater- und Musicalsälen.

WOHIN ZUERST?

Die **Plaza de Mayo** *(🕮 h7)* ist das Herz der Stadt, hier läuft alles zusammen: Geschichte, Politik und alle U-Bahn-Linien. Nicht selten landest du dort mitten in einer Protestveranstaltung. Wem das zu hektisch ist, der hat zwei Alternativen: Über die Calle Defensa geht es ins Bohemeviertel San Telmo *(🕮 m–n 2–3)*. Oder du spazierst über die neue Überbauung der Hafenstraße in den ehemaligen Dockhafen **Puerto Madero** *(🕮 j6–7)*.

Im Heimatviertel des legendären Hauptstadtclubs Boca Juniors ist der Fußball allgegenwärtig

Ein ganz anderer Sound kam damals aus dem armen Hafenviertel La Boca mit seinen bunten Wellblechhäusern und dem von Fabriken und Kloaken verseuchten Fluss Riachuelo: der Tango. Heute ist er weltweit das Erkennungsmerkmal der Stadt. Die Tanzveranstaltungen heißen *milongas;* getanzt wird überall, als ob es kein morgen gäbe.

Mindestens so wichtig wie die Bühne ist der Rasen. Nicht umsonst gilt Buenos Aires – mehr als ein Dutzend Erstligisten stammen aus Buenos Aires oder dem Vorstadtgürtel! – als Welthauptstadt des Fußballs. Legendär ist das Bombonera-Stadion, die „Pralinenschachtel". Hier schlägt das blau-gelbe Herz von Boca Juniors und Diego Maradona hatte hier eine Ehrenloge. Auch für Architekturfans ein Erlebnis ist das rot-weiße Art-déco-Stadion von Huracán in Parque Patricios, besser bekannt als El Palacio Ducó. Doch nicht nur an Spieltagen gilt: Bleib besser auf den ausgewiesenen Touristenpfaden!

SIDER-TIPP
Fußball-
alast mit Stil

Glanz und Elend liegen in Buenos Aires stets ganz dicht beieinander. Zahlreiche Krisen haben ihre Spuren hinterlassen. In der Metrople gilt heute jeder Vierte als arm. Direkt gegenüber vom Hauptbahnhof breitet sich das Armenviertel Villa 31 aus, ein Dickicht aus verschachtelten Ziegelbehausungen, in dem es an Wasser, an Kanalisation, an allem fehlt. Eines aber haben Arm und Reich gemeinsam: die Vorliebe fürs *asado.* Der Geruch von auf Holzkohle gegrilltem Fleisch ist das unverkennbare Parfum der Stadt.

Auch wenn es auf den ersten Blick nicht so wirkt: Die Orientierung in Buenos Aires fällt dank der Schachbrett-

INSIDER-TIPP
Kalkulieren wie ein porteño

struktur nicht schwer. Ein Block (meist um die 100 m) beginnt immer mit der vollen Hundert, egal wie viele Häuser dort wirklich stehen. So lassen sich Distanzen ganz gut abschätzen. Am schnellsten bist du mit der *subte (metrovias.com.ar/subterraneos),* der U-Bahn, unterwegs. Auch die modernisierten Vorstadtzüge haben mehrere Haltestellen in Palermo und Belgrano. Dank des Ausbaus der Busspuren ist auch das etwas chaotische Busnetz übersichtlicher und schneller geworden. Um dich zu orientieren, lädst du am besten die App „Cómo Llego" der Stadt Buenos Aires herunter oder suchst deinen Weg auf *mapa.buenosaires.gob.ar.* Für einen ersten Gesamteindruck empfiehlt sich die drei bis vierstündige Stadtrundfahrt mit dem *Bus Turístico (buenosairesbus.com).* Mit einem Tagesticket kannst du an jedem beliebigen Halt ein- oder aussteigen.

Taxis sind relativ günstig. In den meisten Vierteln kannst du jederzeit eines der gelb-schwarzen Fahrzeuge auf der Straße anhalten (einfach den Arm hochhalten!). Für längere Fahrten, etwa zum Flughafen oder zu abseits liegenden Zielen, ist es empfehlenswert, das Taxi per Telefon oder App zu bestellen *(Radiotaxi Pídalo | Tel. 011 49 56 12 00; Radiotaxi Porteño | Tel. 011 45 66 57 77; Radiotaxi Premium | Tel. 011 52 38 00 00).* Die lokale Taxi-App BA Taxi ist auf ausländischen

SICHER DURCH BUENOS AIRES

Buenos Aires ist für lateinamerikanische Verhältnisse eine eher sichere Stadt, zumindest in den Gegenden, in denen Touristen normalerweise unterwegs sind. Folgende Grundregeln gelten trotzdem: Nicht nachts in La Boca rumbummeln, dunkle, menschenleere Straßen meiden, die teure Fotokamera nicht sorglos um den Hals baumeln lassen, in der U-Bahn aufs Handy achten und den Rucksack vorne herum umhängen. Bekleckert dich auf der Straße jemand „versehentlich" mit Kaffee oder Ketchup, ist Vorsicht geboten – während man dir höflich an den Flecken herumwischt, schnappt ein Komplize gern die Handtasche. Augen auf auch beim Geldtausch: Die *cuevas* genannten inoffiziellen Wechselstuben sind generell sicher. Dennoch zählt man Scheine in Ruhe nach und verstaut sie umgehend. Solltest du, was wirklich selten vorkommt, tatsächlich einmal überfallen werden, leiste auf keinen Fall Widerstand, bleib ruhig und gib alles her. Es gibt ein spezielles Polizeirevier für Touristen, wo du Anzeige erstatten kannst, die *Comisaría del Turista (Av. Corrientes 436 | Tel. 011 43 38 49 00 | turista@policiafederal.gov.ar | 🕮 h6),* sowie einen Touristen-Ombudsmann: *Defensoría del Turista (Paseo Colón 484 | Tel. 011 52 95 69 06, Wochenende und Feiertage Whatsapp +549 11 71 28 830 | defensoriaturista.org.ar | 🕮 o2).*

Smartphones nicht verfügbar, Apps wie Cabify oder Uber funktionieren aber.

SIGHTSEEING

1 PLAZA DE MAYO

Sie ist das Herz der Stadt, seit 1580 – und gleichzeitig Bühne und Zeuge der Geschichte Argentiniens. Rund um das weiß getünchte Gebäude des *Cabildo,* des alten Rathauses, mit der Arkadenfassade finden sich die Nationalbank, Ministerien und die beeindruckende *Kathedrale,* Sitz von Erzbischof Jorge Bergoglio, bevor er 2013 als Papst Franziskus in den Vatikan berufen wurde. Im 17. Jh. geweiht, wurde sie mehrmals umgebaut – die heutige, neoklassizistische Fassade ist von 1822. In der Kirche befinden sich auch das 1878 geschaffene Grabmal für den argentinischen Freiheitskämpfer José de San Martín und, seit 1997, ein weniger bekanntes, aber umso beeindruckenderes Denkmal: eine Vitrine mit Fragmenten hebräischer Gebets- und Liederbücher, die aus europäischen Ghettos und Konzentrationslagern stammen. Ein Holocaust-Mahnmal im wichtigsten katholischen Gotteshaus des Landes: schönes Zeichen für interreligiösen Dialog.

SIDER-TIPP
Shoah-Mahnmal in katholischer Kirche

Am östlichen Ende des Platzes thront die *Casa Rosada,* das rosafarbene Regierungsgebäude mit seinem emblematischen Balkon. Dort schwang die berühmteste First Lady Lateinamerikas, Evita Perón, ihre leidenschaftlichen und kämpferischen Reden.

Wache vor der Casa Rosada: Die Plaza de Mayo ist das politische Herz des Landes

1955 ließ eine Koalition aus Großgrundbesitzern, konservativer Kirche und Armee die Casa Rosada und die Plaza aus der Luft bombardieren, wenig später trat Perón ab. Rund 300 Zivilisten fielen dem brutalen Angriff zum Opfer, seine Narben klaffen in Form mehrerer Einschusslöcher bis heute an den Wänden des benachbarten Wirtschaftsministeriums.

Rund 20 Jahre später, während der grausamen Militärdiktatur, kam auf ebenjener Plaza erstmals eine Gruppe von Müttern zusammen, um Aufklärung über das Schicksal ihrer verschwundenen Kinder zu fordern. Die berühmten *Madres de Plaza de Mayo* drehen noch immer jeden Donnerstag um 15.30 Uhr ihre Runde. Die weißen Kopftücher, ihr Erkennungszeichen, sind heute kreisförmig auf den Boden der Plaza gemalt. Bis heute ist die Plaza das Epizentrum politischer Proteste. 🕮 h7

2 AVENIDA DE MAYO

Geballte Geschichte auf zehn Straßenblöcken. Der erste Prachtboulevard Südamerikas verbindet die Plaza de Mayo mit der Plaza vor dem Kongress, das *Parlamentsgebäude* ist nicht weniger beeindruckend als das Kapitol in Washington. In unmittelbarer Nähe markiert ein Monolith den Kilometerstein Null aller argentinischen Fernstraßen. Von dort geht es vorbei an Jugendstilpalästen, wuchtigen Fassaden und mondänen Kaffeehäusern wie dem *Tortoni (Nr. 825 | cafetortoni. com. ar)*. Dort trafen sich früher Artur Rubinstein und Federico García Lorca, heute muss man Schlange stehen. Eine schöne Alternative ist das wenige Meter entfernte *Los 36 Billares (Nr. 1271 | los36billares.com.ar)*.

Heraus sticht mit der Hausnummer 1370 das wohl eigenartigste Gebäude der Stadt: Der ★ ☂ *Palacio Barolo (Infos zu den obligatorischen Führungen und zur Abendtour mit Imbiss und Livemusik unter palaciobarolotours. com.ar | ⏲ 2 Std.)*. Die 22 Stockwerke symbolisieren Hölle, Fegefeuer und Paradies. In 100 m Höhe setzt ein Leuchtturm dem Ganzen die Krone auf. Dante Alighieris „Göttliche Komödie" stand Pate bei der Idee des italienischen Geschäftsmanns Luis Barolo. Er fürchtete nach dem Ersten Weltkrieg den völligen Untergang Europas und wollte dem Alten Kontinent mit diesem wahnwitzigen Bürohaus ein Denkmal setzen. Bei der Einweihung 1923 war es das höchste Gebäude Lateinamerikas. Die Aussicht ist spektakulär.

Stilvoll unter die Erde geht es dagegen in der ☂ *U-Bahn-Station Perú* – nimm den versteckten Eingang durch die Pasaje Roverano. In diesem Durchgang zur Avenida Hipólito Yrigoyen scheint die Zeit stehen geblieben: Flankiert von Marmor und gusseisernen Balustraden, arbeiten hier noch ein paar alte Stempelfabrikanten und Uhrmacher. Und Papst Franziskus ließ sich hier einst die Haare schneiden, als er noch Jorge Bergoglio war. 🕮 g–h7

3 MANZANA DE LAS LUCES

Legenden und Geschichten ranken sich um das Tunnelsystem, das unter

der Innenstadt verläuft. Gebaut von den Jesuiten im 17. Jh., diente es später angeblich Schmugglern als Fluchtweg. Eine andere Version besagt, dass die unterirdischen Gänge bis zum Regierungsgebäude Casa Rosada reichten und damit einen verborgenen Ausweg bei Revolutionen und Staatsstreichen sichern sollten. Wie groß das geheime Wegenetz wirklich ist, weiß keiner genau. Es gibt nur noch Zugang zu einem kleinen Abschnitt; den findest du im *Manzana de las Luces* genannten Herzen der historischen Altstadt zwischen Bolívar, Moreno, Perú und Alsina. Daneben findest du *La Librería de Ávila,* den ersten Buchladen der Stadt. Im selben Block stehen die Jesuitenkirche *San Ignacio,* das älteste noch bestehende Gebäude der Stadt, und die historische Fassade der hier gegründeten Universität. Im Juli 1966, kurz nach dem Staatsstreich von General Juan Carlos Onganía, wurde sie zum Epizentrum einer brutalen Episode der jüngeren argentinischen Geschichte: In der sogenannten „Nacht der langen Stöcke" wurde die Universität unter militärische Kontrolle gestellt; damit begann der bis dahin größte Exodus von Wissenschaftlern und Technikern aus Argentinien. Gedenkplatten an der Mauer erinnern daran. *Führungen Mi–Fr 15.15, Sa/So 15, 16.30 und 18 Uhr | Perú 222 | manzanadelasluces.cultura.gob.ar | 45 Min. |* *n1*

4 PUERTO MADERO

Buenos Aires kehrt dem Fluss den Rücken zu. Mit dem Ausbau des brachliegenden Madero-Hafens hat sich die Stadt dem Wasser zumindest etwas geöffnet. Zwischen alten Docks und

Santiago Calatravas Puente de la Mujer überspannt das Hafenbecken in Puerto Madero

Sonntags ist Flohmarkt in San Telmo, dem quirligen Ausgehviertel der *porteños*

rostigen Kränen schaukeln teure Yachten, aus verfallenen Warenlagern und Getreidespeichern wurden verspiegelte Wolkenkratzer oder Luxushotels wie das von Philippe Starck gestaltete Faena. Und übers Hafenbecken spannt sich der futuristische *Puente de la Mujer,* ein Blickfang von Architekt Santiago Calatrava.

Dazwischen findest du einige der exklusivsten Restaurants der Stadt und kannst auch selbst das Feuer schüren:

INSIDER-TIPP
Grillen wie die Profis

Werde selbst zum *asador,* zum Grillmeister, und lern – angeleitet vom Experten –, dein Fleisch selbst zu grillen. Infos zum *Parrilla*-Kurs im *La Cabaña (Av. Alicia Moreau de Justo 580 | Tel. 011 43 14 37 10 | lacabana.com.ar | €€€).*

Wenige Meter hinter all dem Glanz und Glamour verläuft die *Costanera Sur.* Die alte Uferpromenade war bis 1950 ein populäres Strandbad. Ins verschmutzte Wasser traut sich hier niemand mehr, aber die Costanera ist ein beliebtes Ausflugsziel geblieben – nicht zuletzt dank ihrer *carritos,* der Grillbuden, an denen deftiges *choripán* verkauft wird, würzige Bratwurst im Brötchen. Gleich dahinter beginnt das Ökoreservat der *Reserva Ecológica Costanera Sur (Di–So 8–18, Okt.–April bis 19 Uhr).* Hier kannst du den Blick über den endlos scheinenden Río de la Plata schweifen lassen. Das geschäftige Buenos Aires ist von hier aus nur noch eine surreale Skyline am Horizont. j6–7

5 SAN TELMO ★

Straßenkultur, kreative Läden und Bohemekneipen prägen das Bild des historischen und gleichzeitig kosmopolitischen Stadtviertels. Einst die vornehmste Wohngegend der Stadt, wurde San Telmo Ende des 19. Jhs. fluchtartig von den Bewohnern verlassen, als hier eine Gelbfieberepidemie ausbrach. Die kolonialen Herrenhäuser wurden zu Mietskasernen für Immigranten umfunktioniert.

Die *Pasaje de la Defensa (Defensa 1179)* ist ein typisches Beispiel für eine solche *casa chorizo* („Wursthaus"), wie diese Bauform umgangssprachlich genannt wird: Hinter der schmalen Straßenfront zieht sich das Haus über mehrere Hinterhöfe wie ein Zopf aneinandergebundener *chorizos* in die Länge. Heute werden dort Kunst, Antiquitäten und Krimskrams verkauft. Ein paar Hundert Meter weiter, in der *Pasaje San Lorenzo (Defensa 380)*, wird die Wurst zum Zipfel: Hier steht die *Casa Mínima*, mit nur 2½ m das schmalste Haus der Stadt. Dort soll einst der erste *liberto* gewohnt haben, wie die freigelassenen Sklaven in Buenos Aires genannt wurden. Die Hafenstadt war einst ein florierender Sklavenmarkt, bis der Menschenhandel 1812 endlich verboten wurde. Erst in den letzten Jahren wird dieser Teil der Geschichte aufgearbeitet. Daran erinnert die *Afro-Argentine Heritage Walking Tour (lunfardatravel.com/afro | 3½ Std.)*. Die Trommelgruppe vom *Movimiento Afrocultural (movimientoafrocultural.blogspot.com)* lässt den Candombe aufleben – der von den an den Río de la Plata verschleppten Sklaven geprägte Rhythmus ist eine der Wurzeln des Tangos.

…DER-TIPP
Schwarze Wurzeln

Meist sonntags ziehen sie über den bunten Straßenmarkt von San Telmo rund um die pulsierende *Plaza Dorrego*. Hier bauen Antiquitätenhändler ihre Stände auf und unter freiem Himmel wird Tango getanzt. Wenige Meter weiter lädt die alte, stahlgerüstige *Markthalle (Defensa 961)* zum Bummeln und Schlemmen ein. Die Ladenschilder sind im für Buenos Aires typischen *fileteado*-Stil gemalt: schnörkelige Ornamente, verziert mit Blumen und Ranken – der typische Pinselstrich von Buenos Aires ist sogar unesco-geschützt. Oder lass dich an der Ecke des hübschen *Parque Lezama* in der Cafébar *El Británico (Av. Brasil 399)* nieder.

Das *Museo Moderno (Mo und Mi–Fr 11–19, Sa/So 11–20 Uhr | Av. San Juan 350 | museomoderno.org | 2 Std.)* in der ehemaligen Tabakfabrik von San Telmo besitzt eine ständige Sammlung von mehr als 7000 Werken der letzten 100 Jahre, vor allem argentinischer, aber auch internationaler Künstler. m–o 2–4

6 LA BOCA ★

Bunt bemalte Wellblechfassaden, kopfsteingepflasterte Gassen und die imposante Eisenbrücke über den Fluss Riachuelo: Das Hafenviertel südlich von San Telmo mit der Touristenmeile *Caminito* war früher das Armenhaus der Stadt. Hier fanden italienische Fischer, Basken, Kroaten und Galicier Arbeit an den Docks. Geld gab es kaum, die Hafenarbeiter wurden oft in Naturalien bezahlt, dazu gehörten auch die Reste von Schiffslack – so erklärt sich die pittoreske Bemalung der Behausungen. Oft waren das Gemeinschaftshäuser, die in Anlehnung an die engen Klosterzellen der Mönche *conven-*

tillos genannt werden. Hier mischten sich Nationalitäten und Kulturen, sie waren der Nährboden für den Gossenslang *lunfardo* und den Tango. Eindrucksvoll festgehalten hat diese Welt der Maler Benito Quinquela Martín (1890–1977), dessen Werke im *Museo de Bellas Artes de la Boca (Di–So 11.15–18 Uhr | Pedro de Mendoza 1835 | buenosaires.gob.ar/museoquinquelamartin | 1 Std.)* ausgestellt werden. Pilgerstätte ist *La Bombonera,* das „Pralinenschachtel" genannte Stadion des populärsten Fußballclubs Argentiniens, der Boca Juniors, mit seinem *Museo de la Pasión Boquense (tgl. 10–18 Uhr | Brandsen 805 | museoboquense.com).*

In Kontrast zum historisch-pittoresken La Boca stehen die zeitgenössischen Wechselausstellungen in der *Fundación Proa (Mi–So 12–19 Uhr | Pedro de Mendoza 1929 | proa.org),* von deren Terrasse aus man einen spektakulären Ausblick über den Fluss und die alte Industrielandschaft hat. Einige der alten Fabriken wurden in den letzten Jahren von Pop-up-Galerien, Museen und kleinen Werkstätten besiedelt. Im ehemaligen Elektrizitätswerk befindet sich das Kulturzentrum *Usina de Arte (Di–Do 12–20, Fr–So 11–20 Uhr | Agustín R. Caffarena 1 | buenosaires.gob.ar/usinadelarte)* mit einem echten Highlight für die Kleinsten: der Erlebnisbereich *iUpiiiii* lädt zum Entdecken und Rumtollen ein. Infos für Rundgänge im sogenannten *Distrito de las Artes* und zu den *Gallery Days* im November unter *turismo.buenosaires.gob.ar.* *o–p 4–6*

INSIDER-TIPP
Der Charme des Verfalls

Bunt bemalte Wellblechfassaden: das viel besuchte Hafenviertel La Boca

7 MUSEO DE ARTE HISPANOAMERICANO ISAAC FERNÁNDEZ BLANCO

Hinter der kolonialen Fassade verbergen sich reich bepflanzte Patios und die umfangreichste öffentliche Sammlung kolonialen Silbers in Südamerika. Im Museum finden oft Konzerte statt, hauptsächlich Barockmusik. *Mo und Mi–Fr 11–19, Sa/So 11–20 Uhr | Suipacha 1422 | buenosaires.gob.ar/museofernandezblanco | 1½ Std. |* *h4–5*

8 RECOLETA

Oh, là, là, sind wir jetzt in Paris? Nein, aber in Recoleta fühlt es sich ein bisschen so an – und das soll auch so sein. Der elegante Stadtteil hat sich seit 1880 zur Residenz der Landoligarchie des Landes entwickelt. Prunkpaläste wie die heutigen *Botschaften von Frankreich (Cerrito 1399)* oder *Brasilien (Arroyo 1130 | g5)* oder der elitäre *Jockey-Club (Av. Alvear 1345)* erinnern

Im eleganten Recoleta präsentiert sich Buenos Aires grün, schick und europäisch

an die Zeit der vorletzten Jahrhundertwende, als „reich wie ein Argentinier" zum geflügelten Wort in Europas Salons wurde. Versetz dich zurück in jene Epoche beim Aperitif auf der Terrasse des mondänen *Palacio Duhau Park Hyatt Hotel* *(Alvear 1661 | g4).*

INSIDER-TIPP
Zeitreise in die Ära der Viehbarone

Gleich daneben findest du auch die edelsten Shoppingadressen der Stadt. 1,5 km weiter triffst du auf einen kantigen Klotz aus grobem Stahlbeton. Dahinter versteckt sich die *Nationalbibliothek*. Das Gebäude im Stil des Brutalismus wurde 1972 begonnen, aber erst 20 Jahre später fertig. Heute wirkt es wie die Kulisse eines Science-Fiction-Films aus den 1970er-Jahren.

Gegenüber, an der *Plaza Francia (Av. Libertador/Av. Pueyrredón),* wo sich am Wochenende ein bunter Künstlermarkt ausbreitet, steht das rosa gestrichene *Museo Nacional de Bellas Artes (Di–Fr 11–20, Sa/So 10–20 Uhr | Av. del Libertador 1473 | bellasartes.gob.ar | 2 Std. | f3).* Es zeigt die größte Sammlung argentinischer Kunst überhaupt mit beeindruckenden Werken über die Zeit des Bürgerkriegs oder der großen Migration sowie eine Sammlung der großen Impressionisten Europas. Auf der anderen Platzseite liegt der *Friedhof (tgl. 9–17 Uhr | Junín 1760 | short.travel/arg10 | 1½ Std.)* von Recoleta. Mit ihren rund 7000 imposanten Mausoleen, Engelsstatuen und verzierten Mauernischen erinnert diese 1822 begründete Stadt der Toten an den Pariser Friedhof Père Lachaise. Hier ruht, wer Rang und Namen hatte. Zwischen all den pompösen Grabmonumenten vergangener Staatspräsidenten und Oligarchen hat auch die bei der Ober-

Libros del Pasaje: In Palermo Viejo findest du einige der besten Buchläden der Stadt

schicht so verhasste Evita Perón ihre letzte Ruhestätte gefunden. Ihr Leichnam wurde nach ihrem Tod nach Europa entführt und galt 17 Jahre als verschwunden. 1974 wurde sie schließlich in der Familiengruft in Recoleta beerdigt, unter 10 cm dicken Stahlplatten. Man weiß ja nie.

Nach dem Besuch lohnt ein Besuch der traditionellen Cafés mit ihren Terrassen auf dem Vorplatz des Friedhofs wie der 1850 gegründeten Traditionsbar *La Biela (tgl. | Av. Presidente Manuel Quintana 596 | labiela.com)*, in der die einstigen Stammgäste, die Literatenfreunde Jorge Luis Borges und Adolfo Bioy Casares, als Skulpturen für immer am Tisch neben der Tür sitzen. Über die Außenterrasse wölbt sich der älteste Baum der Stadt, ein 1781 gepflanzter Gummibaum. *e–g 3–5*

9 MUSEO DE ARTE LATINOAMERICANO (MALBA) ★

Die erste Adresse für moderne und zeitgenössische Kunst in Buenos Aires. In der privaten Sammlung von Eduardo Constantini lernst du die argentinische und lateinamerikanische Avantgarde des 20. Jhs. kennen. In großen Gastausstellungen werden internationale Stars an Bord geholt, dann gilt: Ticket online kaufen oder auf stundenlanges Schlangestehen gefasst sein! *Do–Mo 12–20, Mi 11–20 Uhr | Av. Figueroa Alcorta 3415 | malba.org.ar | 3 Std. | e2*

10 PALERMO ★

Schicke Boutiquen, angesagte Kneipen, riesige Parks und unzählige Museen – Palermo hat viele Gesichter. Knotenpunkt ist die *Plaza Italia (c3)*,

Haltestelle für Busse und die grüne U-Bahn-Linie D. Hier befindet sich das imposante Anwesen der *Sociedad Rural,* einst Schaltzentrale von Argentiniens mächtigen Landbesitzern, heute Austragungsort zahlreicher Messen. Gegenüber lädt der neu angelegte *Ecoparque* zum Verweilen ein; der einstige Zoo wurde auf Druck von Tierschützern umgebaut. Geblieben sind seine historischen Tiergehege wie das Elefantenhaus von 1904, die Replik eines Hindutempels. Gegenüber, im *Jardín Botánico,* steht der *ombú,* der für Antoine de Saint-Exupérys Affenbrotbaum des „Kleinen Prinzen" Modell stand.

Entlang der Avenida Sarmiento nordostwärts geht es in den weitläufigen Park *Bosques de Palermo:* Besuch den *Rosengarten,* bewundere den Südhimmel im *Planetarium (Di–Fr 13 und 17, Sa/So 12, 15, 18 und 19 Uhr | Av. Sarmiento/Av. Figueroa Alcorta | planetario.gov.ar | ⏲ 1 Std.)* oder entspann beim Tee im malerischen *Jardín Japonés (tgl. 10–18.30 Uhr | Av. Figueroa Alcorta/Av. Casares | jardinjapones.org.ar).*

Südwestlich der Plaza Italia beginnt *Palermo Viejo,* das heute den Beinamen *Soho* trägt. In der Krise um die Jahrtausendwende zogen Kreative und Lebenskünstler hierher, das Arbeiterviertel wurde zum Szenespot. Inzwischen hat aber auch hier die Gentrifizierung eingesetzt. Dennoch gibt es nach wie vor viel zu entdecken: Schnickschnackboutiquen, Biobistros und hochpreisige Designerstores, dazu einige der bestsortierten Buchläden der Stadt wie die *Eterna Cadencia (Honduras 5574)* mit ihren knarrenden Dielen und raumhohen Holzregalen oder *Libros del Pasaje (Thames 1762).* All das macht die Straßenzüge rund um die von den Locals nur Plaza Serrano genannte *Plazoleta Cortázar* *(📖 b4),* wo sich die Straßen Jorge Luis Borges und Honduras treffen, zum perfekten Spot zum Stöbern und Sich-treiben-Lassen.

Der nördliche Teil des Viertels, jenseits der Avenida Juan B. Justo, nennt sich *Palermo Hollywood,* weil hier viele Fernsehstudios ansässig sind. Er zieht sich entlang der Avenida Niceto Vega bis zum *Antik- und Flohmarkt (Di–So 11–19 Uhr | Dorrego/Álvarez Thomas |* *📖 0),* einem Paradies für Unikatjäger. Lass in der Calle Gorriti bei selbst gebrautem Craftbier den Tag ausklingen oder genieß das vielfältige Gastroangebot in den kleinen, feinen Restaurants junger Küchenchefs. Schließlich lässt sich mit guter Basis besser feiern – auch dafür bist du hier am richtigen Ort: Von Jazz über Rock bis Cumbia geht die Party bis ins Morgengrauen. 📖 a–e 1–4

11 ESPACIO MEMORIA Y DERECHOS HUMANOS

Von außen deutet nichts darauf hin, dass sich hinter der weiß getünchten Fassade mit Säuleneingang die größte Folterkammer der Militärdiktatur (1976–83) befand. In der einstigen Mechanikerschule der Marine wurden schätzungsweise 5000 Menschen gefangen gehalten und gefoltert, nur etwa 100 Häftlinge überlebten. Der Ort des Grauens ist heute ein eindrucksvoller Erinnerungsort; er wird von

Menschenrechtsorganisationen verwaltet. *Di–So 10–17 Uhr | Av. del Libertador 8151 | espaciomemoria.ar | 2 Std. | 0*

ESSEN & TRINKEN

EL OBRERO

Fußballtrikots an der Wand, Zinntheke, Soda aus Spritzflaschen und eine Grundlautstärke wie im Stadion: In der alten Arbeiterkneipe von La Boca speisten schon Wim Wenders oder Bono. *Caffarena 64 | Tel. 011 43 62 99 12 | Facebook | €–€€ | p4*

HIERBABUENA

Du brauchst frische Energie nach einem langen Stadtbummel? Hier gibt es Smoothies, Powersalate und Veggiebrunch zum Auftanken: Naturkost im Gourmetstyle. Alles in gemütlich-urbanem Ambiente an einer der eindrucksvollsten Avenidas von Buenos Aires. *Av. Caseros 454 | Tel. 011 43 62 25 42 | hierbabuena.com.ar | €€ | n4*

NATURALEZA SABIA

Vegetarier sind keine Außerirdischen mehr in Buenos Aires. Wer mal eine Pause von dem vielen Fleisch braucht, bekommt hier Burger, Bolognese oder argentinische Classics auf pflanzlicher Basis. Der Service dauert manchmal etwas, dafür gibts Hausbrot mit Dips umsonst vorweg. *Perú 677 | Tel. 011 43 00 64 54 | naturalezasabia.com.ar | €€ | n2*

EL CUARTITO

Die beste Pizza kommt aus Italien? Argentinier sind da anderer Meinung. Die *fugazzeta rellena,* die gefüllte Zwiebelpizza mit extra dickem Boden und doppelt Käse, ist ein Klassiker wie

Von der Eckkneipe in die Weltliga: Ohne Reservierung geht nichts im Don Julio

überhaupt der ganze Laden: Neonlicht, Kneipenstimmung, Fußballerfotos an den Wänden und bis zu später Stunde immer voll. *Talcahuano 937 | Tel. 011 48 16 17 58 | € | g5-6*

MISHIGUENE

Die Lieblingsrezepte der *bobe* (jiddisch für Oma), auf Haute Cuisine getrimmt! Wer Tomás Kalikas „meschugges" Mishiguene kennengelernt hat, wird süchtig nach *pastrami asado,* gegrilltem Blumenkohl und auf Meerrettich gebettetem *gefilte fish:* bodenständige Spitzenküche mit jüdischem Migrationshintergrund. Jeden Shabbat gibt es Klezmer zum Digestif. *Lafinur 3368 | Tel. 011 39 69 07 64 | mishiguene.com | €€€ | d2*

DON JULIO

Die einstige familiengeführte Eckkneipe hat es in die Top-50-Liste der weltbesten Restaurants geschafft – auch Angela Merkel wurde 2018 nach dem G20-Gipfel in der *parrilla* gesichtet. Bei Chef Pablo Rivero kommen nur die feinsten Stücke aus eigener Metzgerei auf den Grill. Die Weinkarte ist exquisit, die Atmosphäre trotzdem gemütlich und zwanglos geblieben. Rechtzeitig reservieren! *Guatemala 4699 | Tel. 011 48 32 60 58 | parrilladonjulio.com | €€€ | c4*

EL SANTA EVITA

Populärkultur mit Würze: Hier wird mit Polenta und Ideologie gekocht. Argentinische Leibspeisen aus Kindertagen, gekonnt verfeinert und mit einer Prise Politik serviert. Um Mitternacht wird lauthals der Peronistenmarsch angestimmt. Darauf einen *rodete:* ein erfrischender Genevercocktail, benannt nach Evitas berühmtem Haardutt. Das Augenzwinkern gehört hier dazu. *Julián Álvarez 1479 | Tel. 011 27 65 94 53 | Facebook | €€ | b5*

ARTEMISIA

Altes Ladenlokal, moderne Holzmöbel, Sonne im Gesicht: Hier lässt es sich den ganzen Tag aushalten – und dazu ganz ohne Fleisch (ein paar Fischgerichte gibt es). Außerdem hausgemachtes Brot und Kuchen wie von Oma. Alles bio, auch der Wein. *Costa Rica 5893 | Tel. 011 47 73 26 41 | artemisianatural.com | €€ | a3*

LA MAR

Das beste *ceviche* (in Zitrone marinierter Fisch) und die leckersten *anticuchos* (Rinderherzen) südlich von Peru: Das Restaurant gehört Perus Starkoch

Gastón Acurio. Den Abend beginnst du am besten mit einem Pisco Sour im Schatten uralter Bäume auf der Terrasse. Unbedingt reservieren oder kurz vor Öffnung um 20 Uhr kommen und bei einem Pisco Sour an der Bar unter alten Bäumen warten. *Arévalo 2024 | Tel. 011 47 76 55 43 | Facebook | €€–€€€ | a2*

INSIDER-TIPP
Sei die Avantgarde!

CANTINA DON CHICHO

Mamma mia! In diesem liebevoll geführten Lokal dreht sich alles um Pasta, und das schon in der fünften Generation. Doña Coty rollt die frischen *fusilli* und Gnocchi persönlich am großen Holztisch neben der Eingangstür. Einfache Holztische, Küchenkrepp statt Servietten – und schon von der Antipasti wirst du satt. *Plaza 1411 | Tel. 011 39 15 46 15 | Facebook | € | 0*

SHOPPEN

KAUFHÄUSER & EINKAUFSZENTREN

Du magst keine Shoppingmalls? Diese besonderen Kaufhäuser solltest du trotzdem besuchen: das historische *Galerías Pacífico (Florida/Córdoba | h6)* und die *Galería Güemes (Florida 165 | galeriaguemes.com | h7)* im Art-déco-Stil – vom *Mirador (Mo–Fr 10–13 und 14–16.40 Uhr)*, dem Aussichtsturm, hast du einen atemraubenden Blick über die Dächer des Zentrums. Internationale Flagshipstores in historischem Ambiente findest du auch im *Abasto (Av. Corrientes 3247 | d6)*, dem ehemaligen Gemüsemarkt der Stadt. Im zweiten Stock gibt es mit dem *Museo de los Niños Abasto (museoabasto.org.ar)* eine Erlebniswelt für Kinder, in der man verschiedene Berufe in Miniformat kennenlernen kann. Dazu findest du hier die wohl einzige koschere McDonald's-Filiale außerhalb Israels. In der legendären *Galería Bond Street (Av. Santa Fe 1670 | galeriabondstreet.com.ar | f5)* in Recoleta, einem Tempel der Jugendkulturen, findest du dagegen Skaterläden, Tattoostudios, Gamer- und Growshops – auch die Toten Hosen ließen sich hier tätowieren.

MÄRKTE

Gesund, lokal und bio: Der Gourmettreff *Buenos Aires Market (buenosairesmarket.com)* wird jeden Monat in einem anderen Viertel veranstaltet. Der größte *Antikmarkt* findet jeden Sonntag auf der *Plaza Dorrego (n3)* in San Telmo statt. Vintagefans werden rund um die *Flohmarkthalle* an der *Ecke Dorrego/Álvarez Thomas (0)* fündig. Gauchoromantik, Reiterspiele und regionale Leckereien gibt es auf der *Feria de Mataderos (So 11–20 Uhr | Av. Lisandro de la Torre/Av. de los Corrales | enmataderos.com.ar/feria/ | 0)* auf dem Gelände eines ehemaligen Schlachthofs in *Liniers* südwestlich der Stadt. Nimm am besten ein Taxi, dann kannst du zehn Autominuten weiter noch den andinen Markt *Little Bolivia (José León Suárez zwischen Ibarrola und Ramón L. Falcón | 0)* besuchen. Achtung: Neben allerlei Knollengemüse aus den Anden und knallbuntem Schmuck gibt es hier auch Lamaföten.

„Shopping-Tempel": Bei den Galerías Pacífico mit Fresko in der Kuppel kaum übertrieben

KUNSTHANDWERK

Außergewöhnliches Kunsthandwerk von indigenen Gemeinden oder traditionelle Muster in modernem Design gibt es z. B. bei *Inka Tienda de Arte (Av. Luís M. Campos 881 | @inka.tienda | 🕮 a1)* oder im *La Vicuñita (Sucre 2380/ Belgrano | lavicunita.com.ar | 🕮 0)*.

SECONDHANDKLEIDUNG

Feria Americana heißen die Secondhandgeschäfte in Buenos Aires, die meisten befinden sich in San Telmo und Palermo. Kleider und Hüte aus den 1940er- bis 1970er-Jahren gibt es bei *Feria Alma Zen (Anchorena 660 | feriaalmazen.com.ar | 🕮 d6)*. Exklusive Designermode von Edelmarken findest du bei *Bimba Vintage (Libertad 958 | bimba-vintage.com.ar | 🕮 g5)* – aber vorher anmelden! Echte Unikate für deine Füße macht *28Sport (Gurruchaga 1481 | 28sport.com | 🕮 b4)*: Ausgewählte Sportschuhmodelle aus den 1930er- bis 1950er-Jahren werden mit feinen Materialien nachgearbeitet.

BÜCHER

Buenos Aires' Buchläden sind Treffpunkt und Erlebnis, Schmökerstätten und bildungsbürgerliche Oasen inmitten von Großstadtlärm und Hektik. Einzigartig ist der Buchtempel *El Ateneo Grand Splendid (Santa Fé 1860 | yenny-elateneo.com | 🕮 f5)*, untergebracht in einem alten Theater aus dem Jahr 1919. The Guardian kürte das Geschäft zum zweitschönsten Buchladen weltweit.

SPORT & SPASS

Tritt in die Pedale! Buenos Aires ist flach und verfügt über ein Netz von Fahrradwegen *(short.travel/arg2)*. Citybike-Leihstationen findest du überall in der Stadt *(short.travel/arg3)*. Offroad-Touren und nette Leute, die dir ihre Lieblingsorte zeigen, kannst du bei *Biking Buenos Aires (Balcarce 1016 | Tel. 011 50 56 87 56 | bikingbuenosaires.com)* buchen – gern auch auf nachhaltigen Bambusrädern.

An der Uferstraße in den nördlichen Vororten geben zahlreiche Anbieter Kurse für Wassersportfreunde und verleihen Equipment: von Wind- oder Kitesurfen über Stand-up-Paddling bis Wasserski, z. B. *Perú Beach (Elcano 794 | Tel. 011 60 00 64 27 | perubeach.com.ar)* in *Acassuso*.

AUSGEHEN & FEIERN

Buenos Aires wacht erst richtig auf, wenn die Sonne untergeht. Wann die *porteños* schlafen, ist ein Rätsel. Ab 22 Uhr beginnt die *previa*, das Vorglühen in den zahlreichen Cafés und Kneipen von Palermo und San Telmo, Almagro oder Chacarita. Discos und Clubs heißen in Argentinien *boliche;* vor 2 Uhr morgens brauchst du dort nicht aufzuschlagen. Aktuelle Infos auf *indiehoy.com/eventos* und *wipe.com.ar*.

CAFÉS

Die Cafés von Buenos Aires sind wie ausgelagerte Wohnzimmer, Gegengewicht zur Hektik des Straßenlebens. An fast jeder Ecke gibt es ein Lokal mit quadratischen Tischen, elegant angezogenen Kellnern und zerlesener Zeitung. *Bar Notable (losnotables.com.ar)*, so das Etikett für die historisch bedeutenden Kaffeehäuser und Bars von Buenos Aires, ist dabei so etwas wie ein gastronomisches Kulturerbe-Prädikat – ein Besuch ist wie eine Zeitreise. Ein Klassiker ist das das prächtige *Café Tortoni (Av. de Mayo 825 | cafetortoni.com.ar | h7)*.

Gemütlich geht es in der *Bar El Federal (Carlos Calvo 599 | n3)* zu, hier trifft *pulpería*-Ambiente – so wurden die traditionellen Landschenken genannt – auf verschnörkelte Jugendstileleganz. Ins bescheidenere *Varela Varelita (Scalabrini Ortiz/Paraguay | c4)* kommt man zum Fußballgucken auf Thonet-Stühlen. Zum Feierabendbier mit Beats, Billard und Pingpong trifft sich die alternative Szene im riesigen, coolen *Café San Bernardo (Av. Corrientes 5436 | a5)*.

MUSIK, CLUBS & DISKOTHEKEN

Wirf dich in Schale! Im 100 Jahre alten Herrenhaus des *Milión (Paraná 1048 | milion.com.ar | g5)* darfst du einen Abend lang Upperclass spielen: Glamour, feinste Drinks und hippe DJs. Alternativer geht es in den zahlreichen Kulturzentren zu, in denen es mal Theater, mal Disco, mal Konzerte gibt, wie dem *Matienzo Club (Pringles 1249 | ccmatienzo.com.ar | b5)*.

In den Clubs der *Costanera Norte* am Ufer des Río de la Plata kannst du dem Sonnenaufgang unter Palmen entgegentanzen, z. B. im *Bayside (Punta Carrasco, Av. Costanera/Sarmiento | Facebook | f1)*. Einer der besten Spots für Livemusik von Indie über World

Music bis Electro-Cumbia ist das *Niceto (Niceto Vega 5510 | nicetoclub.com | a4)* in Palermo. Jazzfreunde werden im *Jazz Voyeur (Posadas 1557 | jazzvoyeur.com.ar | g4)* oder im stilvollen *Thelonious (Nicaragua 5549 | thelonious.com.ar | b3)* glücklich. Karibikfeeling mit Salsa, Bolero und Merengue erlebst du im *La Salsera (Yatay 961 | lasalsera.com | b6)*.

INSIDER-TIPP
Schwitzen mit „Zeitbombe"

Wer das Wochenende nicht abwarten kann: Schon montags sorgt die Percussiongruppe La Bomba de Tiempo für Rhythmus und Schweiß, und zwar im alten Fabrikgebäude der *Ciudad Cultural Konex (Sarmiento 3131 | cckonex.org | d7)*.

TANGO

Eine laue Sommernacht im Park, schummrige Lichterketten, die Musik kommt aus einem kratzigen Lautsprecher: Die *milonga* in der *Glorieta*, einem Pavillon im schönen Park Barrancas de Belgrano *(0)*, gehört zu den romantischsten Orten, um den „traurigen Gedanken" zu tanzen. Das genaue Gegenteil ist die legendäre *Catedral (Sarmiento 4006 | lacatedralclub.com | c6)*, eine alte Lagerhalle voller Kitsch und Sperrholzbänken. Hier kannst du ohne Probleme in Turnschuhen und Jogginghose aufkreuzen.

Urig und familiär ist die Stimmung in der *Bar Los Laureles (Av. Gral. Iriarte 2290 | Facebook | 0)*. Jeden Donnerstag greifen dort die Nachbarn aus dem Viertel zum Mikrofon. Ganz klassisch geht es im *Gricel (La Rioja 1180 | clubgricel.com.ar | 0)* zu: Aufgefordert wird per Blickkontakt, allein das Bestaunen des Rituals ist ein Er-

Eine Cafélegende: Das nostalgische Tortoni ist heute auch Kulisse für Jazz und Tangoevents

Die Kuppel im Hauptsaal des perfekt restaurierten Teatro Colón ist stattliche 43 m hoch

lebnis. Im *Marabú (Maipú 365 | tango marabu.com | b5)* ist das Publikum jünger, das Ambiente entspannter und sehr international, dort gibt es auch immer wieder spannende Livekonzerte.

Wem es vor allem um die Musik geht, der ist im *Torquato Tasso (Defensa 1575 | torquatotasso.com.ar | n4)* richtig: beste Livemusik der zeitgenössischen und zeitlosesten Orchester. Vom Geheimtipp zum angesagten Spot der alternativen Szene entwickelt hat sich die umfunktionierte Werkhalle des ★ *Club Atlético Fernández Fierro (Sánchez de Bustamante 772 | caff.com.ar | d6)*; jeden Mittwoch spielen die punkigen Hausherren auf – hier kommt alles in einen Topf: Tango mit Rock, Jazz mit Cumbia, Ethno mit Elektro.

Eher touristische All-inclusive-Tangoshows samt Steak und Flasche Malbec gibt es u. a. im *El Viejo Almacén (Balcarce 799 | viejoalmacen.com.ar | n2)* oder im Belle-Époque-Theater *Piazzolla Tango (Florida 165 | teatroastorpiazzolla.com | h7)*; dort spielt ein Sextett u. a. Piazzollas Klassiker. Die Websites *todo tango.com* und *hoy-milonga.com* bündeln aktuelle Infos (auch auf Englisch).

THEATER & OPER

Die stolze Zahl von über 200 Theatersälen macht klar, welchen Stellenwert die darstellende Kunst für die Hauptstädter hat. Das Stadttheater *San Martín (Corrientes 1530 | complejoteatral.gob.ar | g6–7)* zeigt beste Produktionen zu kleinem Preis, das im spanischen Barock erbaute Nationaltheater *Cervantes (Libertad 815 | tea trocervantes.gov.ar* | *🕮 g6)* ist an sich schon atemraubend. Die *timbre 4*, die Klingel Nummer 4, führt dich ins Universum von Claudio Tolcachirs Teatro *TIMBRe 4 (Av. Boedo 640* | *timbre4.com* | *🕮 0)* im Viertel Boedo, Star der spannenden Off-Theaterszene (Infos unter *alternativateatral.com*).

Dazu hat die Stadt in den letzten Jahren zwei große Kulturzentren mit phantastischen Konzertsälen dazugewonnen, beide in modernisierten historischen Gebäuden untergebracht: die *Usina del Arte (Caffarena 1* | *buenosaires.gob.ar/usinadelarte* | *🕮 p4)* in einem alten E-Werk in La Boca und das *Centro Cultural Kirchner (Sarmiento 151* | *cck.gob.ar* | *🕮 j7)* mit seinen kostenlosen Kunstausstellungen, Konzerten und Theateraufführungen (Karten trotzdem übers Internet reservieren!) in der ehemaligen Hauptpost.

Unangefochtene Königin aller Konzertsäle bleibt das 1908 eingeweihte, legendäre ★ *Teatro Colón (Cerrito zwischen Tucumán und Viamonte* | *teatrocolon.org.ar* | *🕮 g6)*. Es gilt als bestes Opernhaus Lateinamerikas, fast 3000 Zuschauer können unter der vom argentinischen Künstler Raúl Soldi ausgemalten Kuppel zusammenkommen. Auf der Bühne sangen Maria Callas und Luciano Pavarotti, spielte Yehudi Menuhin, tanzte Rudolf Nurejew und dirigierten Arturo Toscanini, Herbert von Karajan und natürlich auch der in Argentinien geborene Daniel Barenboim. Allein der Rundgang durch den altehrwürdigen Bau lohnt – eines der Highlights fertigte 1891 der deutscher Bildhauer Gustav Eberlein:

INSIDER-TIPP Eros' Geheimnis

Die Skulptur *El Secreto* („Das Geheimnis"), die Eros mit seiner Mutter Aphrodite zeigt, ist von eindrucksvoller Lebendigkeit.

KINO

Buenos Aires ist die wohl cinephilste Stadt der südlichen Hemisphäre – und Produzent allerlei schräger Filme. Nahezu alle Filme laufen im Original mit spanischen Untertiteln. Raritäten werden im Kino des Stadttheaters San Martín *(Sala Lugones* | *Corrientes 1530* | *🕮 f6)* und im dem Filminstitut angeschlossenen *Cine Gaumont (Rivadavia 1635* | *🕮 f7)* gezeigt.

RUND UM BUENOS AIRES

TIGREDELTA ★

35 km nordwestlich von Buenos Aires/ 1 Std. mit der Bahn

Durchatmen! Unweit von der Millionenmetropole beginnt eines der größten Süßwasserdeltas der Welt: die riesige, sumpfige Inselwelt des Río Paraná ist ein Paradies aus üppigem Wildwuchs und Wasser. Lastkähne kutschieren Waren durch das Gewirr der Flussarme, pittoreske Ferienhäuschen laden zum Bleiben, bunte Märkte zum Stöbern ein. Zahlreiche Reisebüros bieten Exkursionen ins Tigredelta an, benannt nach der Vorstadt Tigre an der Mündung; sie ist auch Endstation einer der

Zuglinien des Mitre ab dem Bahnhof Retiro. Am Kai der Estación Fluvial fahren die *lanchas colectivo* ab, die Ausflugsdampfer. Eine ausführlich beschriebene Tour nach Tigre findest du im Kapitel „Erlebnistouren".
In einer knappen Stunde erreichst du mit dem „Wasseromnibus" von *Interisleña (Tel. 011 47 49 09 00 | @lacolectivadeldelta)* das nette Restaurant *Gato Blanco (Tel. 011 47 28 03 90 | €€)* am Ufer des Río Capitán. In den Pfahlbauten der *Isla Chamamé (Tel. 011 57 49 00 17 | islachamame.com.ar | €€)* am 45 Linienbootminuten entfernten Arroyo Espera kann man unter Palmen entspannen oder auf Paddeltour gehen. *E7*

SAN ANTONIO DE ARECO

110 km westlich von Buenos Aires/ 1¾ Std. über die RN 8

Willkommen in der Gauchohochburg: Hier wird zu Zamba und Chacarera getanzt, in *pulpería* genannten Schenken fließt der Wein aus *pingüinos,* pinguinförmigen Krügen, und im Museumsdorf *Parque Criollo y Museo Ricardo Güiraldes (tgl. 11.15–16.30 Uhr | short.travel/arg4)* sind einige der Gebäude erhalten, die der Dichter Ricardo Güiraldes in seinem Gauchoepos „Don Segundo Sombra" verewigt hat. Busse ab Buenos Aires fahren von der *Busstation Retiro (h4). E7*

LA PLATA ★

60 km südöstlich von Buenos Aires/ 1 Std. über die RN 1

Studentenleben, Architektur und Naturkunde: Die quirlige Provinzhauptstadt (770 000 Ew.), 1882 am Reißbrett entworfen, lohnt einen Tagesausflug. Das perfekte Schachbrettmuster wird von vier Diagonalen durchzogen, die zu den öffentlichen Plätzen führen. Diese befinden sich jeweils in exakt gleichem Abstand zueinander.
Der schönste Spaziergang beginnt bei der neugotischen *Kathedrale* von 1885 auf der Plaza Moreno, bei der der Kölner Dom und die Kathedralen von Amiens und Chartres Pate standen. Außerdem gehört La Plata zu den wenigen Orten Lateinamerikas, in denen der Schweizer Architekt Le Corbusier seinen Stempel hinterließ. Die *Casa Curutchet* ist Teil des Unesco-Weltkulturerbes. Die wunderbar bissige Komödie „El hombre de al Lado" von Mariano Cohn und Gastón Duprat setzt dem Haus eine filmische Hommage.

INSIDER-TIPP
Nachbarschaftszwist

Unbedingt einen Besuch wert ist das Natur- und Völkerkundemuseum *Museo de La Plata (Di–So 10–18 Uhr | Paseo del Bosque | museo.fcnym.unlp.edu.ar)*. Entstanden ist es aus der Sammlung des Patagonienforschers Perito Moreno. Spektakulär sind die Fossilien- und Saurierfunde. Gleichzeitig war es aber auch Schauplatz des tief verwurzelten Rassismus gegen indigene Völker: Noch Ende des 19. Jhs. wurden dort Mapuche-Indianer zu Studienzwecken wie Sklaven gehalten. Seit 2016 findet eine Aufarbeitung der eigenen Museumsgeschichte statt. *E7*

ESTANCIAS

60 km bis zur Estancia Villa María südlich von Buenos Aires/1¼ Std. über die Autobahn Ezeiza–Cañuelas

Du möchtest mal Gaucho spielen? Viele Landgüter, die *estancias*, laden in der Umgebung zu einer Landpartie ein. Im prachtvollen Landhaus der *Estancia Villa María (Ruta 205 km 47,5 | Tel. 011 32 20 28 66 | estanciavillamaria.com | D7)* bei *Máximo Paz* darfst du dich fühlen wie in einer englischen Grafschaft. Lagune, Reiten und ein *asado* gehören zum Programm des edlen Boutiquehotels.

Wilde Pferde, Lagerfeuer und unvergessliche Sonnenuntergänge: Pamparomantik pur mit Reitausflug, Birdwatching an der Lagune und *asado* erlebst du auf der 150 Jahre alten Hacienda *Estancia Dos Talas (RN 2 km 204 | Tel. 02245 50 30 91 | dostalas.com.ar | E8)* in *Dolores*. Der große Park lädt zum Flanieren ein, in der altehrwürdigen Bibliothek warten mehr als 300 Klassiker französischer, englischer und argentinischer Literatur.

lancha colectiva: So heißen die „Flussbusse", die im Tigredelta kreuzen

DIE OSTKÜSTE

OSTSEE-FEELING UND EUKALYPTUSWÄLDER

Blauer Himmel, samtweicher Sand, ansonsten nichts als Wasser, Wind und Wellen – Argentiniens Atlantikküste ist ein einziger langer Strand, nur wenige Autostunden von der Hauptstadt entfernt. Anfang des 20. Jhs. pflanzten Einwanderer Bäume in die kargen Dünen, dichte Kiefernwälder erinnern heute an die Ostsee. Je südlicher du kommst, umso wilder, felsiger und einsamer wird es – ein Paradies für Wind- und Kitesurfer, auch wenn die Wassertemperaturen nicht gerade karibisch sind.

Sommerlicher Wallfahrtsort der Hauptstädter: die Bademetropole Mar del Plata

Schier endlose Strände laden zum Spazieren und Sandburgenbauen ein, in den Pinienwäldern lässt es sich herrlich durchatmen – zumindest außerhalb der Saison. Denn im Sommer fallen ganze Horden aus Hauptstädtern, Großfamilien, TV-Sternchen und Nachtschwärmern ein. Der mondäne Badeort Mar de Plata wird zum Hotspot des Sehens und Gesehenwerdens, mit Glück bekommst du noch einen Stehplatz im Wasser. Sehr viel ruhiger geht es an den südöstlicheren Küstenabschnitten zu, wo die Pampa in die patagonische Steppe übergeht.

DIE OSTKÜSTE

MARCO POLO HIGHLIGHTS

★ **PUERTO IN MAR DEL PLATA**
Seehunde, Sonnenuntergang und rostende Kräne ➤ S. 70

★ **CARILÓ**
Exklusiv entspannen im idyllischen Pinienwald ➤ S. 73

★ **PUNTA RASA**
Wildnis, Wind und Wellen – ein Paradies für Surfer und Zugvögel ➤ S. 74

Luján
Buenos Aires
Mercedes
Libertad
Río de la Plata
1
La Plata
Cañuelas
Magdalena
Lobos
Brandsen
3
205
2
Chascomús
General Belgrano
Salado
Bahía Samborombón
Las Flores
Dolores
Punta Rasa
2
2
BUENOS AIRES
San Clemente del Tuyú
90 km, 1 ¼ Std.
210 km, 2¾ Std.
Rauch
Mar de Ajó
Ayacucho
1 Pinamar
1 Cariló
120 km, 1 ¾ Std.
Tandil
2
1 Villa Gesell
226
Fangio-Museum in Balcarce 4
Laguna de los Padres 3
Mar del Plata
S. 70
Puerto
Lobería
Miramar
Quequén
228
MAR ARGENTINO

MAR DEL PLATA

(▯ E8) **In der Geburtsstadt des Tangogenies Astor Piazzola trifft die Melancholie einer vergangenen Belle Époque auf Party und Massentourismus.**

1874 gegründet, war die Stadt zunächst ein Ort mondäner Sommerfrische. In Stadtvierteln wie Los Troncos erinnern großzügige Villen noch immer an die Zeit, als sich die Elite aus Buenos Aires hier ihre Wochenendresidenzen bauen ließ. Mit dem Ausbau der Fernstraße zur Küste und dem wirtschaftlichen Aufschwung ab den 1940er-Jahren kamen immer mehr Arbeiterfamilien und Kleinbürger. Heute verstellen Hochhäuser und Hoteltürme in Ostblock-Architektur die Sicht auf den Atlantik.

Im Sommer flüchten die *porteños* an die Küste, „Mar del" (680 000 Ew.) wird für einige Wochen zur Partymetropole schlechthin. An den langen, feinsandigen Stadtstränden kommst du dir vor wie am Black Friday in der Fußgängerzone, im Kasino und in den zahlreichen Clubs wird die Nacht zum Tag gemacht.

Trotz des Trubels hat sich die Stadt einen ganz eigenen Charme bewahrt. Der Konzertsommer ist unschlagbar, das Filmfestival im März eines der spannendsten in ganz Lateinamerika. Und nirgendwo sonst bekommst du so frischen und fein zubereiteten Fisch wie hier. Nicht umsonst trägt die Hafenstadt den Beinamen *La Feliz*, die Glückliche.

SIGHTSEEING

PUERTO ★

Sie aalen sich in der Sonne, warten auf Fischabfälle, posieren für Fotos: Seehunde. Der wichtigste Fischereihafen Argentiniens ist gleichzeitig Altersheim zahlreicher Robben; sie haben es sich an der steinigen Küste sowie nahe der Südmole bequem gemacht, wo sie unter Naturschutz stehen. Dort veranstalten sie jedes Mal ein heulendes Spektakel, wenn die kupferroten Fischerboote einfahren.

INSIDER-TIPP **Krabben knabbern**

Fangfrischen Fisch und Krabben kannst du hier direkt vom Kutter kaufen und dabei den Fischern beim Flicken der Netze zusehen. Im *Centro Comercial del Puerto* an der Einfahrt zum Hafen reihen sich einige typische ⚑ Fischerrestaurants. Probier den Schwarzhecht *(merluza negra)!* Wenn du selbst die Angel auswerfen willst, kannst du hier Trips buchen, die dich zum Lachs- und Anchovisfischen mitnehmen. Ansonsten lädt die Kaimauer an der *Escalera Sur* bei Sonnenuntergang zum romantischen Fotoshooting mit der Stadt und rostenden Kähnen auf dem Schiffsfriedhof im Hintergrund.

ESSEN & TRINKEN

Der italienische Einfluss in Mar del Platas Küche ist allgegenwärtig. Neben Pasta, Pizza und Eiscreme gibt es viel frischen Fisch und Meeresfrüchte. Einen Tisch zu ergattern kann im Sommer zur echten Herausforderung werden. Tipp: möglichst früh kommen!

Mehr Großstadtflair als beschauliche Badeatmosphäre: Strandpromenade in Mar del Plata

LO DE TATA

Hier gelingt der Spagat zwischen deftiger Hausmannskost und gehobener Meerescuisine: Calamares, Garnelen, Fischpfannen, aber auch Tortillas und Burger. Das Ambiente ist familiär, getrunken wird gern Wermut. *La Rioja 3098 | Tel. 0223 6 53 35 23 | @lodeta ta | €€*

LO DE FRAN

Chef Francisco Rosat hat seine Kunst in Spanien und Deutschland gelernt und begeistert nun in seiner Heimatstadt. Das Konzept: beste lokale Produkte, einfach, aber fein zubereitet. Gibt es *pez limón* (Bernsteinmakrele), zuschlagen! Die *calamares* mit kanarischer *mojo*-Sauce sind zum Fingerlecken. *Av. de los Trabajadores 151 | Tel. 0223 5 38 50 34 | €€–€€€*

ESPIGÓN DE PESCADORES

Genau so stellt man sich das vor: Ein Holzpier ragt ins Meer, unten rollen die Wellen, die Lichter des pittoresken Restaurants spiegeln sich im Wasser. Dazu frischer Fisch, gewürzt mit salziger Meeresluft. *Escollera del Club de Pescadores | Boulevard Marítimo/Av. Luro | Tel. 0223 4 93 17 13 | Facebook | €–€€*

SARASANEGRO

Ode an den Ozean: Das Sarasanegro mit seinen originellen Fisch- und Meeresfrüchtegerichten ist *die* Gourmetadresse in „Mar del" und berühmt für seine Auswahl an *crudos*, raffiniert mariniertem rohem Fisch und Meeresfrüchten. Dazu gibt es den wohl besten Weinkeller der Stadt. *San Martín 3458 | Tel. 0223 5 98 52 48 | @sara sanegro | €€€*

Promispotting am Strand: Pinamar ist eine Art argentinisches Sylt oder Saint-Tropez

STRÄNDE

Sehen und gesehen werden, dazu frittierte *churros* mit Eiscreme: Die *Playa Bristol* ist der Hauptstrand der Stadt und im Sommer so hoffnungslos überfüllt, dass es schwerfällt, einen Stehplatz im Wasser zu ergattern. Trotzdem lohnt der Spaziergang zum 1904 erbauten *Torreón del Monje:* Von dort hast du einen guten Überblick über das Spektakel. Kaum ruhiger ist es am Strand des Viertels *La Perla.* Allerdings genießt der Strand dort traurige Berühmtheit, weil sich hier die Dichterin Alfonsina Storni (1892–1938) das Leben nahm. Daran erinnert das Folklorelied „Alfonsina y el Mar", bekannt geworden durch die bewegende Interpretation von Mercedes Sosa.

AUSGEHEN & FEIERN

Partyurlaub in Argentinien? Dann bist du in Mar del Plata richtig! Die Stadt hat aber auch außerhalb der Saison ein breites Angebot an Konzerten, Kinos und Kultur.

ANTARES

Vorbei die Zeiten, da es in Argentinien nur schales Blondes zu trinken gab – Hausgebrautes liegt im Trend. Gleich acht Filialen laden zum After-Beach-Treff.

Der Klassiker liegt an der Playa Grande *(Bernardo de Irigoyen 3851)*. In der Brauerei *(12 de Octubre 7749)* selbst gibt es Führungen. *cervezaantares.com*

CLUB TRI

Unter Strom: Das Kulturzentrum in einem historischen E-Werk beherbergt Bar und Bibliothek, Minigolf und Pingpong, Konzerte, Lesungen und Kunstmarkt. *20 de Septiembre 2650 | clubtri.com*

THE CLUE HIDDEN BAR

You need the key – sonst kommst du nicht durch die rote Tür *(Info über Whatsapp 0223 5367596 oder the clue.meitre.com)*. Dahinter wartet das Universum einer Alchimistin des 19. Jhs. Mar del Platas erste Hidden Bar, nicht nur für Fans feiner Cocktails einen Besuch wert. *Hipólito Yrigoyen 2875 | @thecluehiddenbar*

RUND UM MAR DEL PLATA

1 CARILÓ, PINAMAR & VILLA GESELL

120 km bis Cariló nordöstlich von Mar del Plata/1¾ Std. über die RP 11

Abgeschiedenheit, Wind in den Baumwipfeln, Sand und Piniennadeln zwischen den Zehen: ★ *Cariló*, (1500 Ew.), der wohl schönste, aber auch exklusivste Ort an der Ferienküste, ist angelegt wie eine Art privater Countryclub. Die nicht asphaltierten Erdstraßen sind Programm, es gibt mehr Wald als Häuser, Neubauten müssen sich ins Gesamtbild der „grünen Dünen" einfügen (das bedeutet der Ortsname in der Sprache der Mapuche). Wer mal Abwechslung zur Meeresküche sucht, bekommt im *Tante (Divisadero 1470 | Tel. 02254 571111 | tante.com.ar | €€)* Gulasch und Rehbraten, aber auch ein reiches Kuchenangebot zur Teestunde.

Knapp 10 km weiter nördlich liegt das größere *Pinamar* (45 000 Ew.), *das* Urlaubsziel für Lokalpolitiker und TV-Sternchen. Die Strände sind fein, die Nächte lang; leider stören einge hässliche Betonklötze das Idyll. Knapp 30 km südlich liegt das ebenfalls größere *Villa Gesell*. Der Gründer, ein Schweizer Erfinder und Kaufmann, begann in den 1930er-Jahren aufzuforsten, was ihm den Beinamen der „Verrückte der Dünen" einbrachte. Aus dem einst ruhigen Fleckchen für Naturliebhaber ist heute ein Hotspot für Youngsters geworden. Nervig kann es werden, wenn mit Jeeps oder Strandbuggys über den Sand gecruist wird. Wer das mag, kann eine Geländefahrt über die Dünen bis zum *Faro Querandí* unternehmen. 276 Stufen führen auf den 54 m hohen Leuchtturm hinauf. Der Ausblick ist schwindelerregend, da schon das Turmfundament auf einer Höhe von 64 m über dem Meeresspiegel steht.

INSIDER-TIPP **Ausblick ahoi!**

Auch in den zwei ineinander übergehenden kleinen Strandorten *Mar de las Pampas* und *Mar Azul* südlich von Villa Gesell gibt es Dünen, Wald und

Strand, aber die Häuser sind kleiner und die Stimmung ist relaxter als im exklusiven Cariló. In manchen Unterkünften kannst du hier direkt aus dem Bett auf den Strand purzeln. Im von einer kalabrischen Familie geführten Restaurant *Amorinda (Av. Lucero/Gerchunoff | Mar de las Pampas | Tel. 02255 479750 | Facebook | €€)* genießt man die beste Pasta der Region. *E8*

2 SAN CLEMENTE DEL TUYÚ & PUNTA RASA

210 km nördlich von Mar del Plata/ 2¾ Std. über die RP 11

Von der Hauptstadt aus gesehen (und von dieser 330 km entfernt), ist San Clemente (15 000 Ew.) der erste, eher unglamouröse Badeort an der lang gezogenen Bahía Samborombón. Seine eigentliche Attraktion liegt außerhalb: der Naturschutzpark auf der Landzunge Punta Rasa.

Der Wind peitscht durchs harte Pampagras, im sumpfigen Brackwasser suhlen sich die *carpinchos,* die Wasserschweine, Zugvögel kreischen: Vom Leuchtturm *Faro San Antonio* aus überblickst du die gesamte Landzunge ★ *Punta Rasa* und die halbmondförmige Bahía Samborombón. Hier vermischt sich das schlammbraune Wasser des Río de la Plata mit dem des Atlantiks. Auf mehreren Küstenstreifen erstrecken sich weite Krebskolonien, ein Leckerbissen für die Zugvögel, die daher in Scharen die 5 km² große *Reserva Punta Rasa* anfliegen: Kiebitze und Regenpfeifer, Schnepfen und Wasserläufer, Wander- und Sturmseeschwalben.

Erfreut Ornithologen und flügellahme Zugvögel: Reserva Punta Rasa

SIDER-TIPP
leoprenanzug nicht vergessen!

Dazwischen freuen sich auch Kite- und Windsurfer über beste (aber frische) Bedingungen am windigen Kap. Beim Leuchtturm befindet sich außerdem das Thermalbad *Termas Marinas (Jan./Feb. tgl. 10–20, sonst stark gestaffelte Zeiten | termasmari nas.com.ar)*. Frischen Fisch bekommst du am Hafen in der *Cantina del Delfín (Av. 11 Nr. 225 | Tel. 02252 42 32 11 | Facebook | €)*, z. B. Meeräsche vom Grill in großzügigen Portionen. Dir ist mehr nach Fleisch? Im *La Parrillita (C/ 1 Nr. 2178 | Tel. 02252 52 63 00 | @ la parrillita_sanclemente | €)* bekommst du die besten Steaks im Ort. *E8*

3 LAGUNA DE LOS PADRES

20 km westlich von Mar del Plata/ 35 Min. über die RN 226

Im Naturpark am Südufer der in eine sanfte Hügellandschaft eingebetteten Lagune sind rund 120 Vogelarten zu beobachten. Im ehemaligen Landgut befindet sich das *Museo Municipal José Hernández (Mo/Di und Do–Sa 10–16.30, So 10–16 Uhr | mardelplata.gob.ar/cultura)* mit einer interessanten Ausstellung über die von den ersten Siedlern gegründeten Pampadörfer und das Alltagsleben der Gauchos. *E8*

4 FANGIO-MUSEUM IN BALCARCE

75 km westlich von Mar del Plata/ 1¼ Std. über die RN 226

Der größte aller Zeiten, selbst für Michael Schumacher: Rennfahrer Juan Manuel Fangio (1911–1995) gewann 24 von 51 Grand-Prix-Starts und wurde fünfmal Formel-1-Weltmeister – und das, obwohl er seinen offiziellen Führerschein erst mit 50 machte, also nach Karriereende. In seiner Heimatstadt Balcarce gründete er ein Automuseum. Dort zu sehen: seine 46 Rennwagen von einem Ford A 1929 über die Mercedes-Silberpfeile W 196 und 300 SLR bis zum Lancia-Ferrari D 50. *Tgl. 10–17, Sa/So bis 18, Jan./ Feb. bis 19 Uhr | Dardo Rocha/Mitre | museofangio.com | E8*

5 VILLA EPECUÉN

570 km westlich von Mar del Plata/ 7½ Std. über Necochea und Coronel Pringles

Salvador Dalí hätte es nicht besser malen können: surreale Spiegelflächen, weiße Gerippe, ewiger Himmel. Villa Epecuén ist der mit Abstand verrückteste Spot in Argentiniens Pampa. Früher ein beliebter Kurort, wurde die Stadt in den 1980er-Jahren vom angrenzenden Salzsee überflutet. 30 Jahre später ist Epecuén aufgrund immer geringerer Niederschläge wieder aufgetaucht – als bizarre, in Salz versteinerte Geisterstadt – ein einzigartiges Ausflugsziel. Die Anreise ist allerdings ziemlich mühsam. Dafür kannst du im Grand Hotel des benachbarten *Carhué* im Heilwasser baden und das eindrucksvolle Werk des Architekten Francisco Salamone kennenlernen, der um 1940 das Erscheinungsbild vieler Pampadörfer prägte: Das Rathaus von Carhué und der ehemalige Schlachthof bei Villa Epecuén sind Beispiele für seinen unverwechselbaren Stil irgendwo zwischen Art déco, italienischem Futurismus und Pampafunktionalismus – für Fotografen ein Muss. *D8*

INSIDER-TIPP
Das „Atlantis der Pampa“

DER NORDWESTEN

BACCHUS MEETS PACHAMAMA

Farben wie auf einer Malerpalette, faszinierende Mondlandschaften, surreale Salzwüsten und majestätische Gipfel, dazu jahrhundertealte indigene Kultur und die besten Weine des Landes: Entlang der nördlichen Andenkordillere findest du die wohl abwechslungsreichsten Landschaften Argentiniens. Plan genügend Zeit ein, es gibt viel zu entdecken!

Mendoza, die „Hauptstadt des Malbec" am Fuß des legendären Aconcagua, und das wunderschöne Salta zwischen kargem Hochland und

Masken und Folklore sind in der Provinz Jujuy noch weit verbreitet – nicht nur zu Karneval

wildem Dschungel haben sich zu den Zentren dieser spannenden Region entwickelt. Rundherum: dramatische Natur, traditionelle Bergdörfer und lebendige Folklore. Du spürst die Kraft der Pachamama, der „Mutter Erde", die von den indigenen Völkern in den Anden verehrt wird und hier im Nordwesten Alltag und Kultur prägt. Entlang der einstigen Inkapfade wurden später die Städte des Vizekönigreichs Río de la Plata gegründet. Noch heute bieten sie Wanderern Orientierung. Dazu laden zahlreiche Feste zum Erleben und Genießen ein.

DER NORDWESTEN

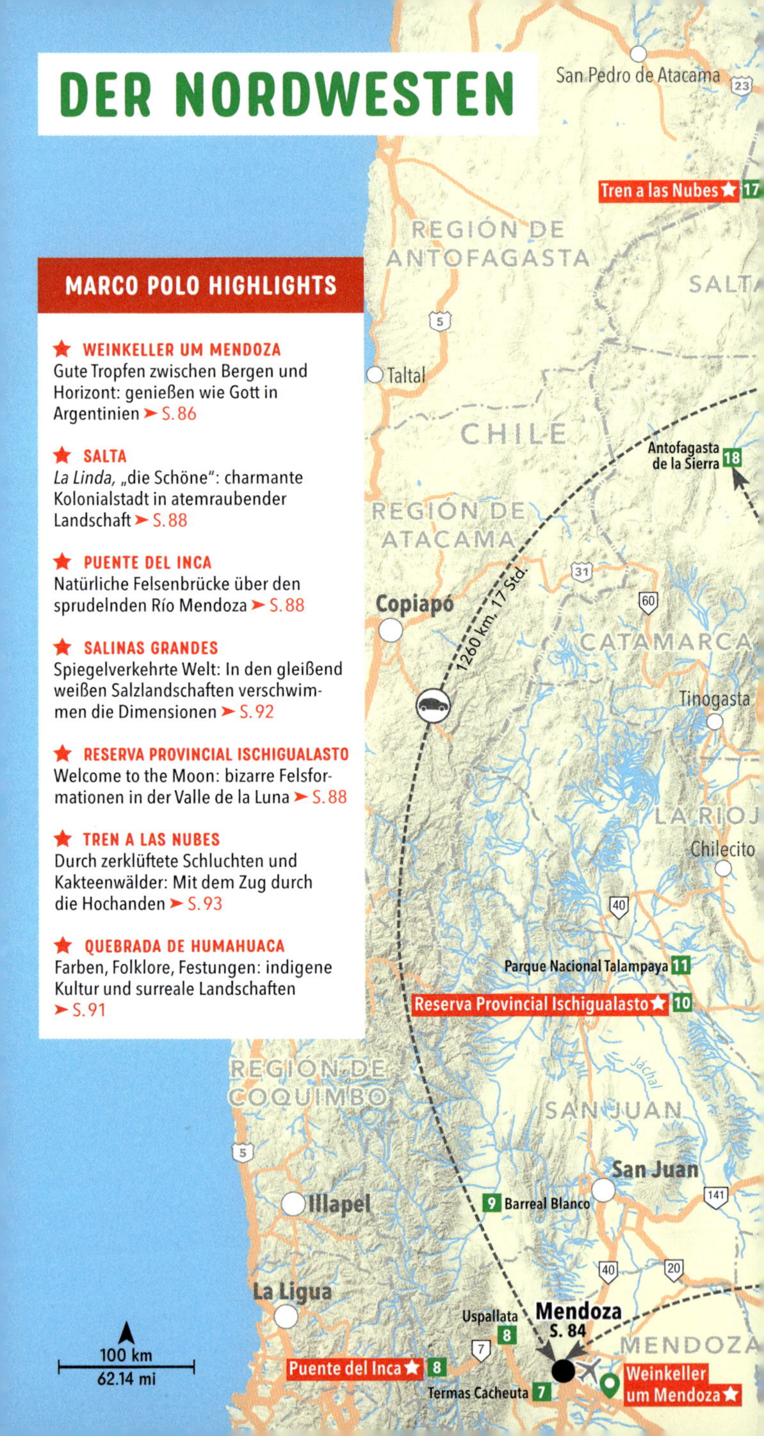

MARCO POLO HIGHLIGHTS

★ WEINKELLER UM MENDOZA
Gute Tropfen zwischen Bergen und Horizont: genießen wie Gott in Argentinien ➤ S. 86

★ SALTA
La Linda, „die Schöne“: charmante Kolonialstadt in atemraubender Landschaft ➤ S. 88

★ PUENTE DEL INCA
Natürliche Felsenbrücke über den sprudelnden Río Mendoza ➤ S. 88

★ SALINAS GRANDES
Spiegelverkehrte Welt: In den gleißend weißen Salzlandschaften verschwimmen die Dimensionen ➤ S. 92

★ RESERVA PROVINCIAL ISCHIGUALASTO
Welcome to the Moon: bizarre Felsformationen in der Valle de la Luna ➤ S. 88

★ TREN A LAS NUBES
Durch zerklüftete Schluchten und Kakteenwälder: Mit dem Zug durch die Hochanden ➤ S. 93

★ QUEBRADA DE HUMAHUACA
Farben, Folklore, Festungen: indigene Kultur und surreale Landschaften ➤ S. 91

PARAGUAY
BOQUERÓN
Bermejo
Abra Pampa
16 Iruya
Salinas Grandes
15
Pichanal
14 Quebrada de Humahuaca
Pilcomayo
Teuco
JUJUY
Ingeniero Guillermo N. Juárez
275 km, 5 Std.
13 San Salvador de Jujuy
FORMOSA
Salta
S. 88
Quebrada de San Lorenzo 12
22 Parque Nacional El Rey
Las Lomitas
Bermejo
Cachi
19
Joaquín Victor González
19 Parque Nacional Los Cardones
20 Museo James Turrell Bodega y Estancia Colomé
Juan José Castelli
Monte Quemado
21 Quebrada de las Conchas
21 Cafayate
CHACO
Santa María
TUCUMÁN
880km, 12 ¼ Std.
Presidencia Roque Sáenz Peña
San Miguel de Tucumán
SANTIAGO DEL ESTERO
Andalgalá
Santiago del Estero
San Fernando del Valle de Catamarca
Añatuya
ARGENTINA
1000 km, 15 Std.
Recreo
Tostado
Salado
Villa Ojo de Agua
San Cristóbal
Chamical
Laguna mar Chiquita
SANTA FE
Jesús María 6
Valle La Punilla 5
San Justo
Sierras de Córdoba
S. 82
CÓRDOBA
Rafaela
4 Los Gigantes
Córdoba
S. 80
Arroyito
Frontera
Santa Fe
Museo Rocsen 3
Cerro Champaquí 2
1 Villa General Belgrano
El Trébol
Villa Nueva
Villa de Merlo
610 km, 9 ¼ Std.
Totoras
Leones
SAN LUIS
General Cabrera
Rosario
40
9
52
81
34
16
9
40
89
95
34
9
60
38
11
34
158
20
36
9

CÓRDOBA

(🕮 C6) **Wilkommen in *la docta*, „der Gelehrten": Argentiniens zweitgrößte Stadt besitzt die älteste Universität des Landes, ein reiches Kulturerbe und ein quirliges Studentenleben.**

Man tanzt *cuarteto* statt Tango und trinkt Fernet bis zum Morgengrauen. Die 1573 gegründete Stadt (2,1 Mio. Ew.) mit florierender Industrie und Landwirtschaft ist stolz darauf, ein bisschen anders zu sein als die – aus ihrer Sicht – hochnäsigen *porteños*.

Rundherum erheben sich die Sierras aus der eintönigen Weite der Pampa. Drei Bergketten, durchzogen von Flüssen, dichten Wäldern und fruchtbaren Tälern, laden zum Baden, Relaxen und Wandern ein. Du triffst auf Ökobauern und deutsche Oktoberfesttradition, Hippiekommunen und angebliche Ufolandeplätze. Eine gut ausgebaute touristische Infrastruktur macht die Region zu einem der beliebtesten Reiseziele der Argentinier, nicht zuletzt auch für Low-Budget- und Alternativreisende.

SIGHTSEEING

PLAZA SAN MARTÍN

Guck mal auf den Boden: Weiße Steine markieren in der Fußgängerzone rund um Córdobas Hauptplatz die imaginären Schatten der historischen Gebäude. Und davon gibt es hier genug! Nur wenige Schritte von der Reiterstatue des Freiheitshelden San Martín entfernt liegen die architektonischen Highlights des kolonialen Zentrums. Die *Kathedrale* an der Westseite beeindruckt durch die harmonische Verbindung von kolonialer Architektur und indianischen Stilelementen. Durch die Pasaje Catalina kommst du zum *Cabildo,* dem einstigen Rathaus, das seitdem so ziemlich alles beherbergt hat: Gefängnis, Gericht, Provinzparlament und Polizei. Heute werden hier in lauen Sommernächten Tangoabende veranstaltet. In der *Pasaje Catalina* selbst, der Verbindungsstraße, erzählt das Dokumentationszentrum *Museo de la Memoria (Di–Fr 10–17 Uhr | Pasaje Catalina 40 | apm.gov.ar |* ⏲ *1½ Std.)* ein düsteres Kapitel der Geschichte, das nicht einmal 50 Jahre zurückliegt: Während der Militärdiktatur wurden hier politisch Verfolgte gefangen gehalten und gefoltert.

MANZANA JESUÍTICA ☂

Dieser Häuserblock *(manzana)* atmet Geschichte. Hier, zwischen den heutigen Straßen Vélez Sarsfield, Duarte Quirós, Obispo Trejo und Caseros, residierten die Jesuiten bis 1767, als sie dem spanischen Kolonialreich zu mächtig und deswegen vertrieben wurden. Ihre Mission, die Indigenen zum Christentum zu bekehren, war als eine Art soziales Experiment angelegt: Arbeit und Lehre statt Sklaventum. 1613 gründeten die Padres in Córdoba die erste Universität Argentiniens, dazu wenig später die älteste Kirche der Stadt, die *Iglesia de la Compañía de Jésus* mit einem Dach aus Zedernholz und vergoldeten Querstreben. Einen Block weiter solltest du dir im *Mu-*

Die Kathedrale in Córdoba mischt Kolonialarchitektur mit indianischen Stilmerkmalen

seo Tejeda (Independencia 122) den schönen Innenhof und die toll restaurierte Kirche aus dem 16. Jh. anschauen.

MUSEO HISTÓRICO COLONIAL MARQUÉS DE SOBREMONTE

An der Ecke Rosario de Santa Fe/Ituzaingó steht das einzige noch erhaltene Wohnhaus aus der Kolonialzeit mit schmiedeeisernem Balkon, heute Museum mit Möbeln, Gemälden und Waffen aus der Zeit der Vizekönige. *Di–So 10–19 Uhr* | ⏲ *1 Std.*

ESSEN & TRINKEN

CHORIPANES EL LUISITO

Wurst im Brot mit Mixed Pickles, Sauce und Salat – fertig: Die *choripanes* von Luisito, der mit seinem *carrito*, der Grillbude, am Sarmiento-Park steht, sind gut, günstig und seit Jahrzehnten die Nummer eins bei Córdobas Streetfood. *Carlos Thays 1039 | Facebook* | €

SAN HONORATO

San Honorato, der Heilige der Bäckermeister, stand beim Namen Pate. Schließlich ist dieses feine Eckrestaurant mit gutem Weinsortiment in einer einstigen Bäckerei angesiedelt, gesegnet mit einem wunderhübschen Innenhof. Unbedingt die Tapas probieren! *Pringles/25 de Mayo | Tel. 0351 4535252 | sanhonorato.com.ar* | €€

REPÚBLICA

Auf den ersten Blick wirkt das hier eher wie ein hipper Coworking-Space. Das passt bestens zum Konzept: erstklassige Fusionküche mit Style und Stimmung, oft ohne Fleisch. Nicht zentral gelegen, aber die Fahrt in den Vorort an den Nordwestrand der Stadt lohnt sich, besonders auch für vegetarische Feinschmecker. *Av. Recta Martinoli 5631 | Villa Belgrano | Tel. 03543 471131 | republicarestaurant.com* | €€€

AUSGEHEN & FEIERN

Das Vergnügen ist in *Nueva Córdoba* zu Hause, zwischen Avenida Hipólito Yrigoyen, Boulevard Presidente Arturo Umberto Illia und Avenida Poeta Lugones. Im *Paseo del Buen Pastor* reihen sich Cafés, Boutiquen und kleine Galerien. Im Sommer lockt die *Fuente de Aguas Danzantes,* ein Licht- und Wasserspektakel mit Musik. Ein Klassiker in Nueva Córdoba ist das *Cientovolando (Rondeau 515)* mit guter Stimmung bis auf die Straße. In Tanzlaune? Der Rhythmus von Córdoba heißt *cuarteto,* eine atemlose Mischung aus Pop, Synthesizern, Akkordeon, Tarantella und Cumbia. Kitsch und Kult gibts in *La Mona Museobar (Rafael Núñez 4791 | lamonamuseobar.com),* wo dem Großvater aller Partysänger „La Mona" Jiménez mit Liveshows gehuldigt wird. Mehr Events findest du auf *kuarteto.com.*

INSIDER-TIPP
Let's dance wie die Cordobesen

Córdoba hat aber auch eine lebendige Theaterszene. Im *Teatro Real (San Jerónimo 66)* und im *Teatro del Libertador (Av. Vélez Sarsfield 365)* von 1891 werden Opern und Theaterstücke aufgeführt. Ein spannedes Off-Programm findest du im *DocumentA/Escénicas (Lima 364)* und im *La Cochera (Fructuoso Rivera 541).*

Dich packt eine Heimwehattacke? Trost findest du in den Bierhallen von Villa General Belgrano

SIERRAS DE CÓRDOBA

(C6–7) **Juhu, endlich Berge im flachen Suppenteller Zentralargentiniens!**

Die Sierras de Córdoba sind die kleinen Schwestern der Anden: drei parallel verlaufende Gebirgsketten, in denen du durch bewaldete Schluchten wandern, in Flüsschen und unter Wasserfällen baden oder an schroffen Felsen herumkraxeln kannst. Dazu hat die Region eine ziemlich bewegte Geschichte zu erzählen.

ZIELE IN DEN SIERRAS

1 VILLA GENERAL BELGRANO

Dresdner Stollen, putzige Fachwerkfassaden und das zweitgrößte Oktoberfest Südamerikas: Die Argentinier nennen Villa General Belgrano das „kleine Deutschland". Die exzessive Brauchtumspflege hat allerdings immer wieder den Verdacht erregt, der Ort könnte ein Unterschlupf für Deutsche mit NS-Vergangenheit sein. Immerhin siedelten sich hier viele der Marinesoldaten an, die zur Besatzung des 1939 gesprengten Panzerkreuzers „Graf Spee" gehörten. Es gibt aber auch ganz andere Einwanderergeschichten wie z. B. die der Greifswälderin Marlene Steige, die in ihrem kleinen, aber feinen *Marlene Restaurante Gourmet (Tronador 928 | Tel. 03546 477142 | marlene-restaurante-gourmet.business.site | €€–€€€)* leckere Gerichte aus lokalen Zutaten zubereitet. *C6–7*

2 CERRO CHAMPAQUÍ

Den besten Ausblick genießen! 2790 m erhebt sich der Cerro Champaquí aus der Sierra, damit ist er der höchste Gipfel der Region. Der Aufstieg, auch für Hobbybergsteiger machbar, führt durch grüne Täler, kreuzt traditionelle Gehöfte und kristallklare Wasserläufe. Exkursionen – auch auf dem Pferderücken – organisieren z. B. *Alto Rumbo (altorumbo.com.ar)* oder *Naturaleza y Aventura (naturalezacba.com.ar)* von *Villa Alpina* aus.

Ein alternativer Startpunkt ist das sympathische Dörfchen *San Javier* im weniger überlaufenen Tal Traslasierra. Dort hilft *Eco Champaquí (ecochampaqui.com.ar)* bei der Organisation. Nachhaltigkeit wird hier großgeschrieben: Überall verkaufen Biobauern Gemüse, Honig oder Wein. Zwischen Olivenhainen und Reben liegt die Demeterfarm *Posada La Matilde (Tel. 0351 2352373 | posadalamatilde.com.ar | €€)* mit Pferdezucht und Ziegenmolkerei. Alles, was in deren Restaurant *De Adobe* auf die Karte kommt, stammt von eigenen Äckern und Weiden. Einmal im Monat gibt es Livemusik zum Dinner. *C6*

INSIDER-TIPP
Vom Acker auf den Teller

3 MUSEO ROCSEN

Hinter dem Ort Nono geht es 5 km über eine Staubstraße, dann steht es da: eine Art Tempel, die Fassade voller Terrakottastatuen, darüber der Hinweis: „Museo Polifacético", vielfältiges Museum. Wie soll man das, was sich darin versteckt, auch anders fassen! Der in Frankreich geborene Anthropologe Juan Bouchon hat hier einfach alles gesammelt, was Menschen so machen: von Röntgenapparaten über ausgestopfte Tiere, von Hochzeitsmode über architektonische Utopien – ein kurioses Sammelsurium des Lebens und sicher eines der außergewöhnlichsten Mu-

INSIDER-TIPP
Panoptikum des Alltags

seen Argentiniens. *Tgl. 10–17.30 Uhr | museorocsen.org | ⏲ 1½ Std. |* 🕮 *C6*

4 LOS GIGANTES

Wenn du die Augen zusammenkneifst, siehst du ihn: Den *Gigante,* den schlafenden Riesen, den die Konturen des Bergmassivs zeichnen. Rund 80 km von der Provinzhauptstadt entfernt, ist es ein beliebtes Wanderziel mit tollen Spots für Kletterer. Am Fuß des Bergs gibt es eine kleine Herberge, aber ein Zelt im Gepäck schadet nicht. 🕮 *C6*

5 VALLE LA PUNILLA

Bergluft, mildes Klima, frisches Quellwasser – im 19. Jh. eröffneten hier zahlreiche Kurhotels wie das *Hotel Edén (tgl. 9–20, Fr–So auch Gespenstertouren ab 21 Uhr | edenhotellafalda.com.ar | ⏲ 1½ Std.)* in *La Falda,* das noch heute zu besichtigen ist. Berühmt ist es allerdings vor allem wegen seiner düsteren Vergangenheit: Die einstigen Besitzer pflegten enge Kontakte zu Nazideutschland und nach Argentinien geflüchteten NS-Verbrechern. Verschwörungstheoretiker nutzen das gern für die Behauptung, Hitler selbst sei nach Argentinien geflohen. Grundsätzlich scheint das Tal bizarre Phantasien zu befördern: Im Nachbarort *Capilla del Monte* begrüßt dich ein giftgrüner Marsmensch am Ortsschild. Hier, auf dem Berg Cerro Uritorco, soll ein offizieller Ufo-Landeplatz sein – bisher haben sich dort allerdings vor allem Aussteiger und Wanderfreunde niedergelassen. Eine Wanderung auf den Uritorco führt durch wunderhübsche Landschaft. Herrlich erfrischend ist das Wasser am Flussbad *Balnerario La Toma.* 🕮 *C6*

INSIDER-TIPP
Gruß aus der Galaxis

6 JESÚS MARÍA

Hier soll der erste Rebensaft auf dem amerikanischen Kontinent gekeltert worden sein: *Lagrimilla de Oro,* Goldtränchen, tauften die Jesuitenpadres ihren Wein. Die alte *Estancia Jesús María* von 1618 kann man besichtigen, ebenso sechs weitere Missionarsgehöfte in der Umgebung. Im *Museo Jesuítico Nacional (Di–So 10–18 Uhr | Pedro de Oñate 246 | museojesuitico.cultura.gob.ar | ⏲ 1½ Std.)* erfährst du mehr zur spannenden Geschichte jenes Ordens, dem auch Papst Franziskus angehört. 🕮 *C6*

MENDOZA

(🕮 B7) **Wäre Bacchus Argentinier, würde er in Mendoza (1,2 Mio. Ew.) leben, der Welthauptstadt des schweren Malbec-Rotweins.**

Nach einem schweren Erdbeben 1861 wurde die Stadt neu aufgebaut: mit viel Platz und viel Grün. Rund um die Stadt reifen Weinreben, Pfirsich- und Birnbäume – mit Hilfe eines künstlichen Bewässerungssystems, denn eigentlich ist die Region eine Wüste. Cuyo wird sie genannt, „sandige Erde" in der Sprache der Ureinwohner.

Mendoza ist aber nicht nur Argentiniens Mekka für Weintrinker und Genießer, sondern auch Ausgangspunkt für Abenteuertouren in die Anden, die

Überquerung des Passes Cristo Redentor nach Chile und den Aufstieg auf den legendären Aconcagua, den mit 6962 m höchsten Berg des amerikanischen Kontinents.

SIGHTSEEING

STADTZENTRUM

Mendoza hat keine Altstadt, dafür aber eine nette Fußgängerzone, den *Paseo Sarmiento,* gesäumt mit Cafés und kleinen Marktbuden. Noch heute sind dort auch die *acequias* zu sehen, die Wassergräben des präkolumbischen Bewässerungssystems. Von dort geht es zur begrünten *Plaza Independencia,* dem Hauptplatz der Stadt. Rundherum sind allerlei weitere kleine Plätze angelegt. Besonders hübsch: die schattige, mit andalusischen Fliesen verzierte *Plaza España.* Einen stärkenden Stopp legst du am besten in der 140 Jahre alten Markthalle des *Mercado Central (Av. Las Heras/Patricias Mendocinas)* ein.

PARQUE GENERAL SAN MARTÍN

Hinter mächtigen Gusseisentoren öffnet sich eine Erholungswelt von weiten Grünanlagen, Rosengarten, Fußballstadion und Mate schlürfenden Locals. *Av. Emilio Civit 701*

ESSEN & TRINKEN

AZAFRÁN

Das Geheimnis liegt im Keller! In diesem exquisiten Restaurant im Landhausstil wird zuerst der Wein ausgewählt, und zwar beim Sommelier persönlich in der eindrucksvollen Bodega downstairs. Er empfiehlt dann auch gern das passende Essen dazu. *Av. Sarmiento 765 | Tel. 0261 4294200 | azafranresto.com | €€€*

Kellerei bei Mendoza: 71 Prozent der argentinischen Weine kommen aus der Andenprovinz

LA MARCHIGIANA

Hier regiert die Pasta – eine der besten italienischen Küchen in Mendoza. *Patricias Argentinas 1550 | Tel. 0261 4230751 | marchigiana.com.ar | €€*

An der Grenze zu Chile erhebt sich der höchste Berg Amerikas, der Aconcagua

1884 RESTAURANTE

INSIDER-TIPP **Auf offener Flamme**

Hier wird mit Feuer gekocht. Die Küche von Argentiniens Starkoch Francis Mallmann hat in der Kellerei Escorihuela Gascón ein stilvolles Ambiente gefunden. Das Restaurant im Stadtteil Godoy Cruz gilt als eines der besten im ganzen Land. *Belgrano 1188 | Tel. 0261 7590022 | 1884restaurante.com.ar | €€€*

SPORT & SPASS

WEINKELLER UM MENDOZA ★

Rund um Mendoza erstreckt sich ein Garten Eden für Freunde exquisiter Weine. Auf dem Traditionsweingut *Bodega Santa Julia (RP33 7,5km nordwärts von der RN7 | Tel. 0261 4410010 | casadelvisitante.com)* kannst du per Fahrrad das Gut durchkreuzen, mit dem Heißluftballon darüberschweben oder – im März – an der Weinlese teilnehmen. Der Schweizer Musiker und Konzeptkünstler Dieter Meier („Yello") hat bei Agrelo südlich von Mendoza das Bioweingut *Ojo de Agua (Bajo las Cumbres | Tel. 0261 5731688 | ojodeagua.global)* aufgebaut. Und die imposante *Bodega Salentein (RP89 km 14 | Tel. 02622 429500 | bodegasalentein.com)* 95 km südlich von Mendoza bei Los Árboles/Valle de Uco westlich von Tunuyán verbindet Genuss mit Kunst: Es gibt dort regelmäßig Ausstellungen und ein interessantes Weinmuseum. Ausführliche Infos über Weintourismus in der Umgebung von Mendoza auf *caminos delvino.com.*

BERGSTEIGEN

Der Traum aller Bergsteiger, der 6962 m hohe *Aconcagua,* gehört zu den faszinierendsten Gipfeln der Welt. Zur Besteigung oder zum Trekking im dazugehörenden Naturpark musst du dir eine gebührenpflichtige Genehmigung besorgen *(aconcagua.mendoza.gov.ar).* Vorsicht: Nicht umsonst wird der Aconcagua „Berg des Todes" genannt. Die Besteigung ist nur von Mitte November bis Ende Februar möglich. Neben Profikondition braucht es genug Zeit (wenigstens zehn Tage), gutes Equipment und einen zuverlässigen Bergführer. Verlässliche Informationen zum Bergwandern bekommst du beim *Club Andinista Mendoza (Facebook). Mallku Expediciones (mallkuexpediciones.com.ar)* organisiert sowohl die Besteigung des Aconcaguas als auch Führungen zu Fuß oder zu Pferd durch die Berge.

ANDENÜBERQUERUNG

Schon aus dem Flugzeug atemraubend, ist die Überquerung der Anden vom Boden aus umso beeindruckender. Der am besten ausgebaute Pass führt über den *Cristo Redentor* (3870 m), ein monumentales, 1904 eingeweihtes Friedensdenkmal, von Mendoza nach Santiago de Chile. Um mit dem Mietwagen nach Chile einreisen zu dürfen, brauchst du eine Genehmigung, die vom Vermieter gegen Gebühr ausgestellt wird – 72 Stunden Voranmeldung sind erforderlich!

Eine abenteuerliche Alternative ist die Überquerung der Kordillere hoch zu Ross – wie einst Befreiungsheld San Martín. Vorkenntnisse sind bei Raúl Labat nicht erforderlich: Von Tupungato aus führt er dich sechs Tage lang über den höchsten Gletscher Amerikas bis an die chilenische Grenze und den Vulkan Tupungato (6635 m). Ausgangspunkt ist die *Estancia El Puesto (RP 89 20 km südwestl. von Tupungato | estanciaelpuesto.com.ar).*

RUND UM MENDOZA

7 TERMAS CACHEUTA

40 km südwestlich von Mendoza/ 1 Std. über die RP 82

Wer zu tief ins Weinglas geschaut hat, erholt sich in dieser Thermallandschaft in den Bergen. Für Entspannung im mineralhaltigen Wasser kamen einst sogar die Inkas aus dem heutigen Peru hierher. Das angrenzende Hotel organisiert einen täglichen Shuttle aus Mendoza und offeriert Snacks, Mittagsbuffet und Massagen. *Tgl. 10–18 Uhr | termascacheuta.com |* *B7*

8 USPALLATA & PUENTE DEL INCA

105 km bis Uspallata nordwestlich von Mendoza/2 Std. über die RP 82 und die RN 7

Uspallata war bereits im 19. Jh. während der Befreiungskriege letzte Station vor der Andenüberquerung, heute ist es der beste Ausgangspunkt für Wanderungen in den Anden. Westlich der Stadt triffst du auf eine zerklüftete Felslandschaft, die in allen Farben leuchtet. Etwa eine Autostunde entfernt liegt der spektakuläre ★ *Puente del Inca:* Der natürliche Felsbogen spannt sich 27 m über den sprudelnden Río Mendoza. Einst wurde er von den Inkas als Brücke auf ihrem Weg nach Cuzco genutzt. Kurz dahinter beginnt der Aufstieg zum See *Laguna de Horcones* mit grandiosem Ausblick auf die Andengipfel. *🕮 B7*

9 BARREAL BLANCO

235 km nördlich von Mendoza/ 3¾ Std. über Uspallata

Die 14 km lange und 5 km breite, vollständig flache Wüste mit festem Erdboden ist ein Paradies für Strandsegler. Sie liegt eingebettet ins hübsche Tal *Valle de Calingasta.* Von hier kommst du auch in den *Naturpark El Leoncito:* Mit seinem trockenen Klima ist er vor allem nachts ein Highlight – auf 2500 m Höhe liegt das bedeutendste astronomische Observatorium Argentiniens. Der Blick durchs Elektronenfernrohr ist vor allem bei Neumond ein Erlebnis. *🕮 B6*

INSIDER-TIPP
Dem Himmel so nah

10 RESERVA PROVINCIAL ISCHIGUALASTO ★

470 km nördlich von Mendoza/6½ Std. über die RN 40 und RN 150

Die perfekte Kulisse für Sciencie-Fiction-Filme! Von Wind und Wasser zerfressene Landschaften, versteinerte Farne und Gräser, Farbspiele in Staub und Wüste: Die surreale Mondlandschaft von Ischigualasto – daher auch *Valle de la Luna* genannt – wurde von der Unesco zum Weltnaturerbe erklärt. Das Museum am Eingang des Naturparks bietet mit einem Miniaturnachbau der Gesteinslandschaft einen guten ersten Überblick. Von dort aus geht es im eigenen Wagen in geführten Autokarawanen auf eine 40 km lange Rundfahrt, die dich in eine 200 Mio. Jahre zurückliegende Dinosaurierwelt versetzt. Mittags brennt die Sonne vom Himmel – das ist weder für die Haut noch für Fotos gut. Am eindrucksvollsten ist die Tour im Morgen- oder Abendlicht. *ischigualasto.gob.ar* | *🕮 B6*

INSIDER-TIPP
High Noon? Besser nicht!

11 PARQUE NACIONAL TALAMPAYA

530 km nördlich von Mendoza/7 Std. über Ischigualasto und die RN 76

Die erdroten Felswände im Nationalpark wirken wie religiöse Säulenmonumente. Der Ursprung vieler Gesteinsformationen und Felsmalereien ist bisher nur ansatzweise erforscht. Eine gut ausgeschilderte Stichstraße führt zum Parkplatz. Verschiedene Anbieter organisieren von dort Touren in eigenen Geländebussen durch das Tal. *talampayaecoturismo.com.ar, runacay.tur.ar, talampaya.com* | *🕮 B6*

SALTA

(🕮 C4) ★ **Salta bedeutet „die Schöne" in der Sprache der indigenen Aymara. Und wie soll man sie auch besser beschreiben, diese Stadt!** Auf 1200 m Höhe liegt sie eingebettet zwischen fruchtbaren Tälern, Dschungel und wilden Kakteenwäldern. Einst

Museum im Naturpark Ischigualasto: zu Besuch bei den Dinosauriern

Station auf dem Haupthandelsweg zwischen dem Hafen Buenos Aires und dem kolonialen Wirtschaftszentrum Lima, erlebte die Schöne einen raschen Aufschwung. Daran erinnern im Zentrum luxuriöse Herrenhäuser, die mit Palmen und Arkadengängen gesäumte *Plaza 9 de Julio* und die dreischiffige *Kathedrale*. Die 750 000-Ew.-Stadt ist Dreh- und Angelpunkt für den Tourismus in den nördlichen Anden, außerdem gibt es hier die besten Empanadas ganz Argentiniens.

SIGHTSEEING

MUSEO DE ARQUEOLOGÍA DE ALTA MONTAÑA (MAAM)

Reise in ein düsteres Kapitel der Inkakultur: Hier werden abwechselnd drei Kindermumien gezeigt, die in 6739 m Höhe am Gipfel des Vulkans Llullaillaco gefunden wurden. Die beeindruckende Ausstellung zeigt Grabbeigaben, archäologische Arbeiten und führt behutsam heran an diese vergangene Welt, zu der das schaurige Ritual der Kinderopfer gehörte. *Di–So 11–18.30 Uhr | Bartolomé Mitre 77 | maam.gob.ar | 1½ Std.*

MUSEO HISTÓRICO DEL NORTE

Das Museum ist untergebracht im am besten erhaltenen Kolonialgebäude Saltas, dem Cabildo von 1626 mit seinen schlichten, weiß getünchten Mauern, Innenhöfen und Arkadengängen. Wenn dich die Geschichte der Kolonialzeit und der Befreiungskriege interessiert, bist du hier richtig. Auch allerlei technische Geräte wie eine alte Traubenpresse aus Leder und Holz oder die Druckerpresse der Jesuitenpadres werden hier ausgestellt. *Di–Fr 9–17, Sa 14–18, So 10–14 Uhr | Caseros 549 | museodelnorte.cultura.gob.ar | 1½ Std.*

IGLESIA SAN FRANCISCO

Die barocke Fassade ist Saltas Postkartenmotiv: sattes Dunkelrot, mit viel Gold, Säulen und den aus Stein ge-

Gleich bei Saltas zentraler Plaza 9 de Julio gibts u. a. die leckersten Empanadas der Stadt

hauenen Vorhängen über dem Haupteingang. Die Kirche einen Block von der Plaza 9 de Julio stammt aus dem Jahr 1796, der Glockenturm wurde erst später errichtet. *Córdoba/Caseros*

CERRO SAN BERNARDO

Die Stadt zu deinen Füßen: Von der Aussichtsplattform auf Saltas Hausberg kannst du dir einen guten Überblick über die Stadt und ihre Umgebung verschaffen. Hoch geht es bequem mit der Seilbahn *(teleférico)*, die im Parque San Martín an der Ecke San Martín/Av. Hipólito Yrigoyen startet. Der gut einstündige Abstieg führt durch ein schönes Naturreservat.

ESSEN & TRINKEN

DOÑA SALTA

Einen Block von der Plaza 9 de Julio gibt es die vielleicht besten Empanadas der Stadt! Besonders zu empfehlen: mit *carne cortada a cuchillo,* frisch gehacktem Fleisch. Dazu *salsa picante! Córdoba 46 | Tel. 0387 4 32 19 21 | dona-salta.negocio.site | €*

CHAKARUNA

Wer mal Abwechslung zu Empanadas sucht, findet hier vegetarische Alternativen aus regionalen Zutaten. *Zuviria 475 | Tel. 0387 4 55 91 99 | @chakarunasalta | €€*

LA VIEJA ESTACIÓN

Tanzshows, Livemusik, regionale Küche – das oft voll besetzte Lokal ist *der* Treffpunkt für Folklore in Salta. *Balcarce 875 | Tel. 0387 4 21 77 27 | laviejaestacion.meitre.com | €€*

LA CASONA DEL MOLINO

Ein altes Landhaus im Kolonialstil mit Innenhöfen und Seitenflügeln.

INSIDER-TIPP Wein und Gitarrenmusik

Das Feuer prasselt, der Wein fließt, in der Luft der Geruch von Gegrilltem, dazu eine *zamba* oder eine *chacarera* auf der Gitarre: eine ganz traditionelle *peña,* wie die Folklorekneipen hier genannt werden, mit Leckerem aus der lokalen Küche. *Luis Burela 1 | Tel. 0387 4 34 28 35 | Facebook* | €€

SHOPPEN

Auf dem sonntäglichen *Markt (10–21 Uhr | Balcarce 400–900)* stellen rund 400 Kunsthandwerker regionaler und indianischer Tradition ihre Waren aus. Die Werkstatt des berühmten *Silberschmieds* Horacio Bertero liegt in der *Los Parrales 1002.* Der tägliche *Mercado Artesanal (9–21 Uhr | Av. San Martín 2555)* und kleine Geschäfte drumherum bieten ebenfalls Kunsthandwerk an.

RUND UM SALTA

12 QUEBRADA DE SAN LORENZO

12 km nordwestlich von Salta/20 Min. über die RP 28

Das dschungelartige Naturreservat beginnt am nordwestlichen Rand der hübschen Vorstadt *San Lorenzo* am Ende der Hauptstraße Av. Juan Carlos Dávalos, an der sich edle Villen und schöne Hotels reihen. Von dort führen mehrere Wander-, Trekking und Mountainbikerouten entlang kleiner Flüsschen durch den Wald bis hoch zum Aussichtspunkt San Lorenzo. Infos zu Exkursionen (auch zu Pferd) am Eingang des Reservats oder bei *Turismo San Lorenzo (Av. Juan Carlos Dávalos 960 | Tel. 0387 4 92 17 57 | turismosanlorenzo.com.ar* | *C4*

13 SAN SALVADOR DE JUJUY

135 km nördlich von Salta/2¼ Std. über General Güemes und die RN 66

Tacita de plata, „Silbertässchen", wurde die 465 000-Ew.-Stadt, Regierungssitz der nördlichsten Provinz Argentiniens, einst genannt. Bis heute gibt es Konflikte rund um den Abbau der Rohstoffe – heute vor allem Erze und Lithium –, weil der Profit der ländlichen, überwiegend indigenen Bevölkerung kaum zugutekommt. Das Gesicht der Stadt ist eher ärmlich und noch stark indianisch geprägt, im Zentrum findet man nur wenige erhaltene Kolonialbauten – Jujuy ist vor allem Ausgangspunkt für Touren in die atemraubende Natur der Umgebung. *C4*

14 QUEBRADA DE HUMAHUACA ★

200 km bis Purmamarca nördlich von Salta/3¼ Std. über Jujuy

Leuchtende Farben, wilde Schluchten, an den Hängen pfeift der Wind um alte Inkafestungen: wilkommen im Reich der Pachamana! In der beeindruckenden Schlucht, die kurz hinter Jujuy beginnt und bis Humahuaca auf eine Höhe von fast 3000 m ansteigt, erwartet dich eine ganz eigene Welt voller Farben, Folklore und spektakulären Landschaften. Die RN 9, die sich durch das langsam ansteigende Tal schlängelt, war im 17. Jh. die Hauptverkehrsader zu den reichen Minen von Potosí in Bolivien und noch früher der Königsweg der Inkas.

Tumbaya auf 2100 m Höhe ist das erste der Indianerdörfer. Hinter Tumbaya beginnt zwischen den roten Felsen die Kakteenwüste. Ein Stopp im Dorf *Purmamarca* ist ein Muss: Es liegt am Fuß der bunt gestreiften Felswände des *Cerro de los Siete Colores*, des Bergs der sieben Farben – und der Name ist wörtlich zu nehmen. Hier ducken sich kleine Häuser aus Lehm und Kaktusholz, die schlichte Kirche von 1648 wird von einem noch älteren Johannisbrotbaum überschattet. Rundherum findet nachmittags ein bunter *Kunsthandwerksmarkt* statt. Es gibt neben Ponchos, Masken und Keramiken auch gemahlene Gewürze, besonders scharfe Chilischoten und auch Kokablätter zu kaufen. In vielen Lokalen spielen abends örtliche Musikgruppen.

Wenige Kilometer weiter gelangt man nach *Tilcara* (14 000 Ew.), ein wunderhübsches, touristisch sehr gut ausgebautes Städtchen am Fuß der alten Inkafestung *El Pucará de Tilcara*. Die Grundmauern ziehen sich über einen Bergrücken im Süden des Orts. Von dort aus überblickst du das ganze Tal. In Tilcara laden nette Hotels, originalgetreu mit Kaktusholz und Quadersteinen gebaut, sowie eine Reihe guter Restaurants und Kneipen zum Bleiben ein. Kreative lokale, auch vegetarische Küche, hervorragende Weine und ab und an Kunstausstellungen gibt es im *Nuevo Progreso (Lavalle 351 | Tel. 0388 4 95 52 37 | @elnuevoprogreso | €€)*. Zahlreiche Agenturen bieten ein- oder mehrtägige Trekkingexkursionen an. Eine beliebte Route führt z. B. über den Andenpass bei Santa Ana auf alten Inkapfaden hinab in den subtropischen Dschungel des Naturparks Calilegua.

Ein paar Kilometer weiter verläuft der Wendekreis des Steinbocks. Die Straße in Richtung der Grenze zu Bolivien erreicht fast 3000 m Höhe. Ein weiterer Stopp lohnt in *Humahuaca:* Die schmalen, kopfsteingepflasterten Gassen und traditionell schlichten Häuser aus Adobe und Kaktusholz werden von einem kolossalen Denkmal zur Unabhängigkeit überragt. Im *Museo Torres Aparicio (Mo und Mi–Sa 8–14, Di und So 10–14 Uhr | Córdoba 249)* findet man eine reiche archälologische Sammlung der indigenen Kulturen, die die Region bevölkerten, bevor die Spanier hier einen bedeutenden Handelsstützpunkt ausbauten. *C4*

15 SALINAS GRANDES ★

270 km nordwestlich von Salta/ 4¾ Std. über Purmamarca

In Purmamarca zweigt die RN 52 nach Westen ab. In abenteuerlichen Serpentinen schraubt sie sich auf die über 4000 m hoch gelegene Ebene der *Puna* zu den großen Salzseen – hier hat die Salzgewinnung eine lange Tradition. Das Sonnenlicht blendet und spiegelt sich auf der weißen, von Salzwaben durchzogenen Landschaft, der Horizont scheint unendlich. Eine surreal anmutende, atemraubende Kulisse – aber unbedingt Sonnenschutz (Brille und Creme) einpacken!

Der „Wolkenzug" Tren a las Nubes fährt in den Andenhimmel

IDER-TIPP
Ein Fest für Fotofreaks

Auf der gleißend weißen Fläche verschwimmen die Dimensionen – wenige Meter wirken auf Fotos wie endlose Entfernungen. Auf Fotos kannst du herrlich damit spielen! C4

16 IRUYA

335 km nördlich von Salta/7 Std. über Humahuaca

Etwa 25 km hinter Humahuaca zweigt die abenteuerliche RP 13 nach Iruya ab.

IDER-TIPP
Ist hier die elt zu Ende?

Für die Fahrt über rund 50 km Schotterpiste solltest du mindestens zwei, wenn nicht drei Stunden einkalkulieren. Doch die lohnen sich: Das pittoreske Bergdorf mit seiner hübschen kolonialen Kirche und den steilen Gassen liegt eingebettet in eine spektakuläre, von der Erosion zerklüftete Schlucht. Von dort aus geht es nur noch zu Fuß (und mit gutem Schuhwerk) weiter in abgelegene, ursprüngliche Bergdörfer. Unbedingt vorher über den Zustand der Straße erkundigen – die Busfahrer sind zwar erfahren, doch auch für Schwindelfreie ist die Fahrt eine Herausforderung. Aber es lohnt sich! C4

17 TREN A LAS NUBES ★

165 km bis San Antonio de las Cobres nordwestlich von Salta/3 Std. über die RN 51

Dem Himmel so nah – vorsichtshalber gehören Sauerstoffflaschen zur Ausstattung des „Zugs zu den Wolken". Die Fahrt zur abenteuerlichen Eisenbrücke des *Viaducto La Polvorilla* auf 4200 m ist eine der atemraubendsten Bahnstrecken der Welt, aber wegen des schlechten Wartungszustands der Gleise leider nur noch in Teilen befahrbar. Von Salta aus startet die Reise daher zunächst im Bus. Auf der RN 51

geht es entlang der Gleise, immer wieder siehst du kleine steinerne Pyramiden; diese *apachetas* sind Geschenke der Ureinwohner an ihre Erdmutter Pachamama – bitte nicht anfassen!
In der letzten größeren Ortschaft vor der chilenischen Grenze, *San Antonio de los Cobres,* erfolgt der Umstieg auf die Schienen (bei eigener Anreise kannst du von hier aus auch nur das Zugticket lösen). Von der ehemaligen Bergbausiedlung geht es durch die karge Landschaft der Puna-Hochebene. Unter dem weiten Himmel grasen Lamas und Alpakas. Höhepunkt ist das atemraubende, über 200 m lange Stahlgerüst des Viadukts *La Polvorilla* auf 4200 m Höhe. *Di, Do und Sa | Hin- und Rückfahrt ca. 13 Std., Bahnfahrt 3 Std. | trenalasnubes.com.ar |* 🕮 *C4*

So viel Zeit muss sein: ein Schwätzchen beim Einkauf in Cachi

18 ANTOFAGASTA DE LA SIERRA

Gut 500 km südwestlich von Salta/ 10 Std. mit dem Geländewagen über San Antonio de las Cobres und die RN 51, RP 27, RP 17 und RP 43

Wer die Tour zum Tren a las Nubes mit dem Geländewagen (!) unternimmt, kann die spannende Weiterfahrt knapp 350 km südwärts in die Provinz Catamarca wagen. Dort erreichst du nach ca. sieben bis acht Stunden Antofagasta. Der kleine Ort mit nicht einmal 1000 Ew. auf 3400 m Höhe ist umgeben von einer unglaublichen Vulkanlandschaft voller Salzlagunen, wilden Vikunjaherden und verlassenen Goldminen. Hier lohnt sich eine Expedition mit *Wilson Mamani (Tel. 03834 02 14 85 | wilsonmamani027@gmail.com)* über alte Inkapfade zu Quarzkristallen, Ruinen wenig bekannter Indianerbauten und prähispanischen Wandmalereien. 🕮 *B5*

19 CACHI & PARQUE NACIONAL LOS CARDONES

155 km bis Cachi südwestlich von Salta/3¼ Std. über die RN 68 und RP 33

Es geht durch eine bizarre Felslandschaft, den Kakteen-Nationalpark und über einen 3000 m hohen Pass: Farben, Formationen – nach jeder Kurve ändert sich die Landschaft. Zu den Höhepunkten der Fahrt durch die fruchtbaren *Valles Calchaquíes* gehört ein Besuch im *Parque Nacional Los Cardones (parquesnacionales.gob.ar).* Hier stehen die riesigen Kandelaberkakteen, die *cardones.* Sie blühen erst im Alter von 40 Jahren und sind wegen ihrer süßen Früchte und des widerstandsfä-

INSIDER-TIPP
Kaktus-Dek

higen Holzes beliebt. Das getrocknete Holz aus abgestorbenen Stämmen und Ästen wird überall verkauft; es macht sich toll als Lampenschirm oder Windlicht.

Das malerische Städtchen *Cachi* liegt am Fuß des Nevado de Cachi (6380 m) am Zusammenfluss des Río Calchaquí mit dem Río Cachi. Im März, wenn die Chilischoten auf den Feldern getrocknet werden, leuchten die Hügel knallrot. Die Decke der kleinen Kolonialkirche *San José* ist vollständig mit Kaktusholz ausgekleidet. *C4*

20 BODEGA Y ESTANCIA COLOMÉ & MUSEO JAMES TURRELL

230 km südwestlich von Salta/5 Std. über Cachi

Südlich von Cachi führt nach knapp 50 km auf der RN 40 die RP 53 zu der renommierten Kellerei mit biodynamischem Weinanbau und ausgezeichnetem Restaurant *(€€€)*. Ein weiteres Highlight hier ist das *Museo James Turrell (Touren tgl. 11 und 15 Uhr, Anmeldung unerlässlich)* mit den Installationen des Light-and-Space-Künstlers. Raum und Zeit verfließen mit dem abendlichen Andenhimmel in diffusem Licht – eine unbeschreibliche Erfahrung. *RP 53 km 20 | Tel. 03868 49 42 00 | bodegacolome.com | C4*

INSIDER-TIPP: Lichtspektakel am Fuß der Anden

21 CAFAYATE & QUEBRADA DE LAS CONCHAS

200 km südlich von Salta/3½ Std. über die RN 68

Das sympathische 18 000-Ew.-Städtchen *Cafayate* ist Zentrum von Argentiniens zweitwichtigstem Weinanbaugebiet. Die Besonderheit: Die Weinberge liegen auf über 1700 m Höhe! Viele Kellereien bieten Touren und Verkostungen an, z. B. *El Esteco (RN 40/ RN 68 | Tel. 03868 42 24 96 | elesteco.com)*. Nur hier in den Anden wächst der Torrontés, eine säuerlich-aromatische Weißwein-Rebsorte, dem Muskateller ähnlich.

INSIDER-TIPP: Probier auch mal weiß!

Von Cafayate aus geht es in die *Quebrada de las Conchas*, eine Sandsteinschlucht, die vom Río de las Conchas durchflossen wird. Die Namen der Felsformationen sprechen für sich: *anfiteatro* (Amphitheater), *garganta del diablo* (Teufelsschlund), *fraile* (Mönch), *sapo* (Kröte) und *los castillos* (die Schlösser). Unbedingt den Fotoapparat einpacken! Wer mag, kann die Schlucht auch per Fahrrad erkunden; das kann allerdings anstregend werden! *C5*

22 PARQUE NACIONAL EL REY

200 km östlich von Salta/3½ Std. über die RN 9 bis Lumbreras, dann RP 5 und RP 20 bis zur Südeinfahrt

Grüne Wildnis, so weit das Auge reicht: In dem nahezu unberührten Urwald leben Pumas, Wildschweine, Kondore und selbst Tapire. Sieben teilweise auch befahrbare Wanderwege führen durch das Naturschutzgebiet. Es gibt zwar Zeltplätze im Park, doch das Gebiet ist touristisch wenig erschlossen, dazu sind Wege vor allem in den Sommermonaten immer wieder überschwemmt. Unbedingt vorher beim Tourismuszentrum in Salta informieren! *C4*

DER NORDOSTEN

WILDER DSCHUNGEL UND TROPISCHES FLAIR

Einfach überwältigend – 275 Wasserfälle, die tosend und gurgelnd in die Tiefe stürzen, umgeben von einem tropischen Paradiesgarten: Die Cataratas del Iguazú an der Grenze zu Brasilien und Paraguay gelten nicht umsonst als Weltwunder.

Der Nordosten hat aber noch weit mehr zu bieten: Wildlife in tropischen Sümpfen, traumhafte Lodges im Dschungel, farbenfrohen Karneval oder die Überreste eines einstigen „Utopia im Urwald". Bis vor wenigen Jahrzehnten noch eine isolierte Halbinsel, ist Argentiniens

Grandioses Spektakel für Augen und Ohren: die tosenden Wasserfälle von Iguazú

Zweistromland heute über gewaltige Brücken und den Unterwassertunnel von Santa Fe nach Paraná ans restliche Staatsgebiet angeschlossen. Durch die träge Schönheit der beiden Ströme und seine tropische Atmosphäre übt es einen besonderen Reiz aus. Die Luft ist schwül und angefüllt mit dem Aroma unzähliger Blüten, in den Wäldern ziehen Puma, Ozelot und Jaguar umher. Doch die Natur ist auch hier durch Raubbau für Holzeinschlag bedroht und auch die Jagd auf die geschützten Tiere hält trotz Verbot an.

DER NORDOSTEN

MARCO POLO HIGHLIGHTS

★ **ESTEROS DEL IBERÁ**
Unter Kaimanen und Wasserschweinen: Abenteuerurlaub in den Sümpfen von Corrientes ➤ S. 105

★ **SAN IGNACIO MINÍ**
Verfallenes „Utopia im Urwald“: die Jesuitenreduktion von 1610 ➤ S. 107, 111

★ **DSCHUNGELLODGES**
Richtig eintauchen ins grüne Paradies ➤ S. 111

★ **CATARATAS DEL IGUAZÚ**
Die Wucht von 1,5 Mio. l Wasser pro Sekunde: die gigantischen Wasserfälle im tropischen Urwald ➤ S. 110

ROSARIO

(🕮 D7) **Diese Stadt hat Ikonen hervorgebracht: Revolutionsführer Che Guevara kam hier ebenso zur Welt wie die Fußballcracks Lionel Messi und Ángel di María. Mit dem riesigen Sojaexporthafen ist die drittgrößte Metropole Argentiniens (1,4 Mio. Ew.) außerdem eines der Wirtschaftszentren des Landes.**

Dank ihrer renommierten Universität und kreativer Stadtplaner hat sie aber auch ein junges, studentisches und sehr kinderfreundliches Flair. Die Altstadt steckt voller architektonischer Highlights. Die lang gestreckte Grünanlage am Flussufer und die vielen Kneipen mit Livemusik machen die Stadt zum perfekten Ziel für einen Wochenendtrip.

Zeigt Kunst und ist selber Kunst: Das MACRo in den clever umfunktionierten Hafensilos

Spektakulär ist die Fahrt über den 608 m langen *Puente Rosario-Victoria,* der in 60 m Höhe den Paraná überspannt: Die Sicht auf die Stadt und auf die breite Flusslandschaft ist einzigartig – und auch das Detail einer Kuh, die mit dem Wasser fast bis zum Hals in der Schilflandschaft unter den Brückenpfeilern weidet.

SIGHTSEEING

PASEO DEL SIGLO

Auf der „Jahrhundertpromenade" um die Calle Córdoba und den Boulevard Oroño sind die meisten Sehenswürdigkeiten und Baudenkmäler wie Perlen an einer Schnur aufgereiht. Gleich zu Beginn steht der einstige *Justizpalast;* heute ist darin die juristische Fakultät beheimatet – in den sorgfältig renovierten Galerien und Innenhöfen siehst du Justitia in vielerlei Ausführung. Dagegen steht die grausame Realität, die sich hinter der eleganten Fassade des einstigen *Polizeipräsidiums* abspielte: Während der Militärdiktatur wurden hier Regimegegner gefoltert und ermordet. Heute arbeitet das *Museo de la Memoria (Mi–Fr 10–18, Sa/So 10–15 Uhr | Córdoba 2019 | museodelamemoria.gob.ar | ⏲ 2 Std.)* die Geschichte der Militärdiktaturen in Lateinamerika auf.

Die Promenade führt weiter auf die hübsche *Plaza San Martín* mit dem Reiterdenkmal des Nationalhelden. Ein Stück weiter, auf der *Plaza Pringles,* findet regelmäßig ein bunter Flohmarkt statt. Die Flaniermeile endet am *Palacio Minetti,* dem wohl spektakulärsten Art-déco-Gebäude Rosarios.

PLAZA 25 DE MAYO & MONUMENTO A LA BANDERA

Gehst du vom Palacio Minetti noch ein paar Blocks weiter, kommst du zur prächtigen *Plaza 25 de Mayo,* an der sich die im Stil des Eklektizismus gestaltete *Kathedrale* und der *Regierungspalast* erheben. Ein paar Schritte weiter, am Ende der *Pasaje Juramento,* erhebt sich das Wahrzeichen der Stadt, das *Monumento a la Bandera* mit seinem 75 m hohen Aussichtsturm. Himmelblau, durchtrennt von einem weißen Streifen, in der Mitte prangt eine goldene Sonne: Die Idee zur argentinischen Nationalflagge kam General Manuel Belgrano, als er in den Himmel blickte – klingt logisch. Das imposante Flaggendenkmal setzt dem Ganzen eine Hommage. Am Todestag Belgranos, dem 20. Juni, finden hier politische Feiern statt; regelmäßig wird das Denkmal aber auch zum Zentrum von Protestaktionen und Gedenkmärschen aller Art.

Monumental: das Monumento a la Bandera zu Ehren der argentinischen Flagge

UFERPROMENADE

Na endlich: eine Stadt, die ihrem Fluss nicht, wie Buenos Aires, den Rücken zukehrt, sondern ihn in vollen Zügen genießt. Hinter dem Monumento a la Bandera erstreckt sich die großzügige Parkanlage mit kleinen Terrassen, öffentlichen Grillplätzen und Streetfoodbuden. Von der *Estación Fluvial (estacion fluvial.com)* nahe dem Fahnendenkmal legen Ausflugsboote zu den Inseln und Sandstränden des Río Paraná ab. Weiter nordwestlich, am Nordende des Boulevard Oroño, ragen die bunt bemalten ehemaligen Hafensilos in den Himmel. Heute befindet sich dort das Museum für zeitgenössische Kunst *Museo de Arte Contemporáneo MACRo (Do–Sa 13–19, So 11–19 Uhr | Av. de la Costa/Boulevard Oroño | castagninomacro.org | 1½ Std.).* Noch weiter flussaufwärts an der *Rambla Catalunya* tummeln sich später am Abend die Nachtschwärmer.

SIDER-TIPP
Pack die Badehose ein

TRÍPTICO DE LA INFANCIA

Die mit Abstand kinderfreundlichste Stadt Argentiniens wartet gleich mit drei besonders auf Kinder zugeschnittenen Attraktionen auf: Neben dem etwas außerhalb gelegenen Streichelzoo *Granja de la Infancia (Mi–So 10–17 Uhr | Av. Presidente Perón 8000 | @trip ticodelainfancia)* und dem Abenteuer-Kletterpark *Jardín de los Niños (Fr–So 14–18 Uhr | Leopoldo Lugones 2290)* im Parque de la Independencia ist das vor allem die *Isla de los Inventos (Fr–So 14–19 Uhr | Av. Wheelwright/Corrientes)* an der Uferpromenade. Hier können Kids in einer ehemaligen Bahnhofshalle Ingenieur und Wissenschaftler spielen und die Welt der Technik entdecken.

ESSEN & TRINKEN

LA MARINA

Einst Geheimtipp, heute längst ein Klassiker: asturische Einwandererküche in urigem Ambiente direkt hinter dem Flaggendenkmal. Es ist laut, hektisch, chaotisch, die Portionen sind groß, die *sidra* wird natürlich wie in Asturien über die Schulter ausgeschenkt. Früh kommen oder mit vielen gut gelaunten Mitstreitern und einem Aperitif Schlange stehen! *1 de Mayo 890 | restaurantlamarina.com | €*

LOS JARDINES

Direkt am Ufer mit Blick auf den breiten Paraná wird der beste Fisch aufgetischt: *surubí, boga* oder *pacú* – frisch gegrillt, nur mit einem Spritzer Zitrone: ein Fest! *Uferpromenade/España | Tel. 0341 3 20 11 22 | losjardinesenrosario.com | €–€€*

AUSGEHEN & FEIERN

Tango, Techno, *trova:* Das Nachtleben Rosarios ist berühmt und vielfältig. Viele Bars und Discos befinden sich im Zentrum, am Flussufer oder im Viertel Pichincha. Infos über die Plattformen *clubdefun.com, rosarioturismo.com.ar/noche.php* und *@jodas_gratis_rosario.*

PARANÁ

(▯ D6) **Die Hauptstadt der Provinz Entre Ríos (390 000 Ew.) liegt auf einem Hügel mit herrlichen Ausblicken auf den Río Paraná, den zweitlängsten Fluss Südamerikas, der ihr auch den Namen gab.**

Vom Ufer zieht sich der Urquiza-Park bis zur hübschen Stadtmitte mit der großen Kathedrale, historischen Gebäuden und ausladenden Plätzen. Die großzügig angelegte Stadt ist der Knotenpunkt der gesamten Region. 1853 wurde hier die Konföderation Argentiniens ausgerufen; acht Jahre lang war Paraná so auch Hauptstadt der Republik.

SIGHTSEEING

KATHEDRALE

Die erste Kirche war aus Adobe und Stroh; nun erhebt sich am östlichen Ende der Plaza 1° de Mayo die Kathedrale im Renaissancestil. Die Fenster wurden aus Frankreich, die Orgel aus Deutschland importiert.

PARQUE URQUIZA

Der Fluss liegt dir zu Füßen, der Blick schweift über bewaldete Inseln: Die Grünanlage am Ufer des Paraná wurde im 19. Jh. vom französischen Architekten Charles Thays in drei Stufen angelegt, mit kleinen Wegen, *Aus-*

sichtsplattformen und dem *Strandbad.* Dazu gibt es ein in die Landschaft eingelassenes Freilichttheater; hier finden regelmäßig Konzerte und Kinovorführungen statt (Mückenspray nicht vergessen!).

PUERTO SÁNCHEZ

Östlich des Badestrands am Paraná schließt sich der alte Hafen an. Hier bekommst du den frischesten Fisch und die leckersten Empanadas. Im Wasser schaukeln die bunten Fischerboote.

ESSEN & TRINKEN

In den Flüssen der Region tummeln sich zahlreiche schmackhafte Süßwasserfische, darunter der bis zu 20 kg schwere und 80 cm lange ⚑ *dorado.* Lass dir hier keinesfalls einen *dorado a las brasas* entgehen:

INSIDER-TIPP
Serviervorschlag

Dabei wird der Fisch mit Oregano, Zwiebeln, Tomaten und Paniermehl gefüllt und auf dem Holzkohlegrill gegart.

LA FOURCHETTE

Feine Küche im Gran Hotel Paraná, gute Auswahl auch an vegetarischen und veganen Gerichten. *Urquiza 976 | Tel. 0343 4 22 39 00 | hotelesparana.com | €€€*

COMEDOR BAIRES

Am Hafen gibt es frisch gefangene Flussfische aus dem Paraná. Zur Verdauung wird manchmal zu Livemusik getanzt. Oft treten Livebands auf, zum typischen Akkordeon-Sound des Nordostens, dem Chamamé. *El Pescador 37 | Tel. 0343 34 28 55 92 | Facebook | €€*

Großer Genuss in Paraná: ein *dorado a las brasas* oder frisch aus dem Rauch

Besuch bei Kaiman und Wasserschwein: in den Sümpfen Esteros del Iberá

SHOPPEN

MERCADO DE ARTESANÍAS

Wer noch keinen Matebecher hat, wird hier im Kunsthandwerksmarkt auf jeden Fall fündig. Dazu gibt es Wollstoffe, Schnitzereien, Gaucho-Messerklingen. Im zugehörigen ☂ *Museum* ist historisches Kunsthandwerk ausgestellt – ein netter Abstecher an Regentagen. *Urquiza 1239 | Facebook*

SPORT & SPASS

Paraná ahoi! Den Fluss genießt du am besten vom Wasser aus: Kajak-, Ruder- oder SUP-Touren hat z.B. der *Club Náutico Paraná (clubnauticoparana.com.ar)* im Angebot, mit dem du dich auf nächtlichen Angelausflügen auch auf die Suche nach dem großen Süßwasserfisch *surubí* begeben kannst. Im Neuen Hafen bieten Fischer aus der Region Bootsausflüge an – dabei geht es nicht nur ums Angeln, sondern auch um die Mythen, die Flora und Fauna der wilden Inselwelt des Paraná: *Baqueanos del Río (Muelle 2 hinter der Tourismusinfo)*

RUND UM PARANÁ

1 PARQUE NACIONAL EL PALMAR

260 km östlich von Paraná/4 Std. über die RN 18 und RN 130

Ausgangspunkt für Ausflüge in den Nationalpark ist der knapp 60 km entfernte, hübsche Ferienort *Colón* am palmengesäumten Ufer des Río Uruguay mit steilen Klippen, breiten

Sandstränden und romantischen Sonnenuntergängen. Der Palmenwald ist durch Wanderwege gut erschlossen und in einem Tagesausflug zu meistern. *Itaí Corá Aventura (San Martín 97 | Tel. 03447 15 41 48 16 | itaicora.wixsite.com/ecoturismo)* organisiert Flussfahrten, *Camila Müller (Tel. 03447 15 46 82 12 | @caravanasyatay)* erklärt die Pflanzen- und Vogelwelt. *Lorena Karpencopf (Tel. 03447 15 43 96 36)* führt Radtouren, z. B. zur verlassenen Windmühle *Molino Forclaz*. Ausflüge zum *stonehunting* (Achat und andere vom Fluss angeschwemmte Halbedelsteine) sowie zur Beobachtung der berühmten *carpinchos*, der Wasserschweine, organisiert *Fabián Berger (Tel. 03447 15 40 02 61)*. Außerdem führt er ins nahe *Pueblo Liebig* – am Eingang erinnert eine überdimensionale Konservendose an die goldenen Zeiten der heute verfallenen Industriestadt. 3000 Menschen arbeiteten hier im Schlachthaus und in der Konservenfabrik, täglich wurden 1200 Rinder zu „Liebig-Fleischextrakt" verarbeitet und verschifft. *argentina.gob.ar/parquesnacionales/elpalmar* | *E6–7*

INSIDER-TIPP
Fortschritt aus der Fleischkonserve

2 GOYA

360 km nördlich von Paraná/5 Std. über die RN 12

Die Hauptstadt der Angler im Zweistromland: Schon die Fahrt durch Sümpfe und Zitronenhaine in die 80 000-Ew.-Stadt ist ein Erlebnis. Heute ist Goya ein Zentrum des Reis- und Tabakanbaus. *turismogoya.gov.ar* | *E6*

3 ESTEROS DEL IBERÁ ★

560 km bis Colonia Carlos Pellegrini nordöstlich von Paraná/8 Std. über die RN 127, RN 119 und RP 40

Blau und Grün, Himmel, Wasser, Schilf. Im Dickicht quakt und zirpt es, ab und zu ist das Planschen eines *carpinchos*, eines Wasserschweins zu hören. Die Esteros del Iberá *(parqueibera.gob.ar)*, das Sumpfgebiet im Dreiländereck zwischen Argentinien, Brasilien und Paraguay, ist fünfmal so groß wie Luxemburg und einer der wichtigsten Süßwasserspeicher der Erde. Dutzende Inseln treiben durch die Lagunen, ständig verändert sich die Landschaft – selbst ortskundige Guides verirren sich ab und an. Hunderte Tierarten tummeln sich hier: Wasserschweine und Gürteltiere, Kaimane und Schlangen, Schildkröten und Brüllaffen und mehr als 300 Vogelarten.

Ein guter Ausgangspunkt für Exkursionen sind die Orte *Colonia Carlos Pellegrini* oder *Loreto* am Lagunenufer; dort findest du zahlreiche Touranbieter. Viele sind an Hotels angeschlossen wie z. B. an die auf Birdwatching spezialisierte *Posada de la Laguna (Guazú Virá | Tel. 011 15 76 53 58 97 | esterosdelibera.com)* oder an die auf Fotosafaris und Reitausflüge ausgerichtete *Estancia San Juan Poriahú (Tel. 011 47 91 95 11 | @estanciasanjuanporiahu)* bei Loreto am Nordwestrand der Lagune. In der Kleinstadt *Mercedes* im Süden der Sümpfe lernst du das Universum des argentinischen Volksglaubens kennen: Hier steht der Wallfahrtsort für Gauchito Gil, eine Art argentinischer Robin Hood.

INSIDER-TIPP
Der heilige Gaucho

Buntsandstein und Basalt: Ruinen der Missionsstation San Ignacio Miní

Rund um seinen Todestag, den 8. Januar, schlagen Zehntausende Pilger ihre Zelte auf. *E5–6*

POSADAS

(F5) **Das lebendige Grün der Bäume, die ziegelsteinrote Erde: typisch für die Region, genauso wie das feuchtwarme Klima.**

Die Hauptstadt (390 000 Ew.) der Provinz Misiones im äußersten Nordosten an der Grenze zu Paraguay und Brasilien ist Ausgangspunkt für Exkursionen zu den Ruinen der Jesuitenreduktionen, den stummen Zeugen jenes „Utopias im Urwald", das während der Kolonialzeit als Gegenmodell zu Ausbeutung und Sklavenhandel dienen sollte – und das doch weniger menschlich war, als es der oscarprämierte Film „The Mission" darstellt.

SIGHTSEEING

PALACIO DEL MATE

Ein Hoch auf das Kultgetränk! In dem den Teepflanzern gewidmeten Gebäude ist heute das Museum der schönen Künste *(Museo de Bellas Artes)* untergebracht. *Mo–Fr 8–12 und 16–20 Uhr | Rivadavia 1846 | 30 Min.*

MUSEO REGIONAL ANÍBAL CAMBAS

Hintergrundwissen für die Ausflüge zu den Reduktionen: Hier, im Parque República de Paraguay, sind Fundstücke und Kunsthandwerk der Guaraníindianer ausgestellt. *Di–Fr 7.30–11.30 und 14.30–18.30, Sa/So 14–18 Uhr | Alberdi 600 | Facebook | 1 Std.*

ESSEN & TRINKEN

Yopará, surubí, chipá: Du verstehst nur Bahnhof? In Misiones ist die Kultur der Ureinwohner, der *tupi-guaraníes,* nicht nur in der Sprache, sondern auch auch in der Küche präsent. *Yopará* ist ein typischer Eintopf aus Mais, Erbsen und Maniok, *surubí* ein geschätzter Flussfisch und *chipá,* das mit Käse gefüllte Maniokgebäck, wird am besten noch heiß zum Frühstück verzehrt. Noch

INSIDER-TIPP
Ein Frühstücksgenuss

nicht genug? Wie wärs mit *yaguá hacú:* gebratene Fleischstückchen, die häufig zu gebackenen Maniokknollen gereicht werden.

LA RUEDITA

Hier gibt es frischen Fisch und einen wunderbaren Blick auf den Fluss. Dazu ist das Restaurant für seinen *galeto* berühmt, einen gegrillten Hühnerspieß mit Zwiebeln und frittiertem Maniok. *Arrechea 835/Costanera | Tel. 0376 4 42 10 61 | Facebook | €€*

SHOPPEN

KUNSTHANDWERK

Schöne Mitbringsel, aus Korb geflochten, aus Holz geschnitzt oder aus Keramik geformt: Posadas Kunsthandwerker treffen sich auf dem *Paseo Bosetti* gleich hinter der Metallstatue zu Ehren des Nationalgetränks Mate. *Tgl. 8–17.30 Uhr | Bolívar 1677*

RUND UM POSADAS

4 JESUITENREDUKTIONEN

65 km bis San Ignacio Miní östlich von Posadas/1 Std. über die RN 12

Der Name der Provinz, Misiones, kommt nicht von ungefähr: Die Region war ab 1609 Schauplatz einer Art heiligen Experiments der Jesuitenpadres. Sie versammelten in ihren Reduktionen schätzungsweise 50 000 Guaraníindianer, um sie zu missionieren. Aufgebaut werden sollte ein Gemeinwesen mit kollektiver Verwaltung und ohne Versklavung und Gewalt. Der Film „The Mission" mit Jeremy Irons und Robert De Niro erzählt von dieser „Utopie im Urwald". Bis zur Vertreibung der Jesuiten 1767 erwirtschafteten die Reduktionen durch den Anbau von Mate und durch Viehzucht beträchtliche Gewinne und hinterließen ein reiches künstlerisches und musikalisches Erbe. Bei den ortsansässigen *estancieros* rief das große Neid hervor. Was weniger bekannt ist: Die Padres hielten sehr wohl Sklaven, zwar keine indigenen, doch wurden in den Reduktionen schwarze Sklaven gehalten.

Einige der Ruinen dieses frühsozialistischen Experiments sind von Posadas aus mit Linienbussen problemlos zu erreichen. Zahlreiche Reisebüros bieten Halbtagsausflüge nach ★ *San Ignacio Miní* an, der schönsten der Reduktionen. San Ignacio Miní ist vor allem berühmt für seine Bauwerke aus Buntsandstein und Basalt, seine Arkadengänge und indianische Kirchenmalerei. Wer mehr Zeit hat, sollte sich auch die Missionsstädte *Candelaria, Santa Ana* und *Loreto* ansehen. *(F5)*

PUERTO IGUAZÚ

(F5) **Der kleine Ort wäre sicher keine Reise wert, wenn in seiner Nähe nicht die größten und eindrucksvollsten Wasserfälle des**

amerikanischen Kontinents tosend in die Tiefe stürzten.

Zwischen der eher unscheinbaren Kleinstadt und dem Parque Nacional Iguazú liegen nur 20 km. Zahlreiche Reisebüros bieten neben den klassischen Bustouren auch Wanderungen durch den Urwald und Floating auf dem Oberlauf des Río Iguazú an. Im Nationalpark auf argentinischer Seite kannst du zahlreiche Wanderungen ins Wassergetöse und den Urwald unternehmen, von der brasilianischen Seite hast du dagegen den besten Panoramablick.

Von der Iguazúmündung in den Paraná flussaufwärts Richtung *Itaipú,* dem weltweit drittgrößten Wasserkraftwerk, geht es über eine Brücke nach *Ciudad del Este* in Paraguay, eine wilde Handelsstadt für mehr oder oft auch minder legal gehandelte Waren aus aller Welt.

ESSEN & TRINKEN

Beliebte Restaurants sind *La Rueda (Av. Córdoba 28/Victoria Aguirre | Tel. 03757 42 25 31 | larueda1975.com.ar | €–€€)* und *El Quincho del Tío Querido (Av. Perón/Caraguatá | Tel. 03757 42 01 51 | eltioquerido.com.ar | €–€€).* Eine Alternative zum *asado* bietet mit ausgefeilter Speisekarte – auch für Vegetarier – das paradiesisch im Urwald gelegene *Naipi (Selva Iryapú | Tel. 03757 49 83 00 | loisuites.com.ar | €€–€€€).* Reservier rechtzeitig, um dir einen Platz auf der traumhaften Terrasse am Pool zu sichern!

SPORT & SPASS

Der tropische Regenwald um die Wasserfälle mit seiner berauschenden Artenvielfalt lädt zur Fotosafari und zu Spaziergängen ein. Wer weiter

in den dichten Urwald vordringen möchte, kann eine Tour über den Macucopfad bis zum unteren Iguazúfluss buchen *(Iguazú Jungle Explorer | Tel. 03757 42 16 96 | iguazujungle.com)*. Die Hinfahrt im Jeep oder LKW durch den Urwald ist zwar eher unspektakulär – zurück geht es dafür im Schlauchboot zur Garganta del Diablo. Besser als jede Wildwasserrutsche: Im berühmten „Teufelsschlund" der Iguazúfälle bleibt niemand trocken!

IDER-TIPP
Es gurgelt, spritzt und tost

Ein ruhigeres Erlebnis ist das Floating im Schlauchboot ohne Motor *(Aguas Grandes | Tel. 03757 42 55 01 | aguasgrandes.com)* auf dem Oberlauf des Iguazú, d. h. oberhalb der Wasserfälle. Die Fahrt beginnt in Puerto Canoas und führt den Fluss hinab bis kurz vor die Wasserfälle.

RUND UM PUERTO IGUAZÚ

5 PARQUE NACIONAL DO IGUAÇU

15 km östlich von Puerto Iguazú/ 1 Std. inkl. Grenzformalitäten über die RN 12

Es lohnt sich, zum Auftakt zunächst die brasilianische Seite zu besuchen. Von dort hast du einen einmaligen Panoramablick auf die gesamten Fälle. Ein 1,5 km langer, gepflasterter Weg führt dort gegenüber von den Fällen am Urwaldrand entlang und endet auf einem Steg direkt über einer Wasserterrasse. Hier gibt es eine herrlich erfrischende kalte Dusche! Wer trocken bleiben will, packt am besten ein

Iguazú: Den besten Überblick hast du vom Panoramasteg auf der brasilianischen Seite

Regencape ein. Mit einem Lift kann man außerdem die Florianofälle hinauffahren – die Aussicht von der Plattform aus ist atemraubend.
Zwischen Puerto Iguazú und dem brasilianischen Nationalpark verkehren zwei Buslinien. Ausflüge nach Brasilien organisieren aber auch private Agenturen, z. B. *Sol Iguazú Turismo (Av. Victoria Aguirre 237 | Tel. 03757 42 11 47 | soliguazu.com.ar).* In jedem Fall gilt: Pass für den Grenzübertritt nicht vergessen! *F4–5*

6 CATARATAS DEL IGUAZÚ ★

20 km südöstlich von Puerto Iguazú/ 30 Min. über die RN 12

Mit unglaublicher Wucht donnert das Wasser in die hufeisenförmige Schlucht, es tost und brodelt, in den Gischtnebel malen die Sonnenstrahlen kleine Regenbogen, die gesamte Gegend ist von einem ständigen Dröhnen erfüllt. „Die großen Wasser" nennen die Guaraní die Iguazúfälle, ein einzigartiges Naturschauspiel. Auf einer Breite von 2,7 km stürzen 275 Wasserfälle bis zu 82 m in die Tiefe – 1,5 Mio. l Wasser pro Sekunde, wenn es viel geregnet hat, noch mehr.
Hier, im äußersten Nordosten Argentiniens, fallen jährlich 2000 mm Niederschlag. Nachts steigt die Luftfeuchtigkeit auf 90 Prozent, und die warmen Tagestemperaturen lassen die gesamte Gegend zu einem fruchtbaren Treibhaus werden, in dem die Natur so üppige Formen annimmt wie im Paradies.
Der Regenwald bringt gewaltige Baumriesen hervor wie den bis zu 40 m hohen *lapacho negro.* Guavenbäume und wilde Papayas versprühen ihren Duft, unzählige Orchideen blühen in leuchtenden Farben, es wimmelt von bunten Schmetterlingen und Kolibris, Papageien und Tukane erobern die Baumkronen. Schwergewichtige Tapire und kleine Hirsche durchstreifen das Unterholz nach Früchten. Riesige Rudel von Warzenschweinen machen die Gegend unsicher und auf den Bäumen leben Kapuziner- und Brüllaffen. Jaguar, Puma, Wildkatze und Waschbär gehen auf die Jagd. Nachts gehört der Park den Fledermäusen, selbst der Blut saugende Vampir gehört dazu. Dem Pfefferfresser, einer Tukanart und Wahrzeichen der gesamten Region, sagen die Guaraní sogar magische Kräfte nach.
Sechs verschiedene Rundgänge nehmen von 20 Minuten bis zu drei Stunden in Anspruch. Ein offener, gasgetriebener Ökozug fährt dich durch den Urwald zum Ausgangspunkt der Spazierpfade *(Estación Cataratas)* und zum Steg über den Schwindel erregenden, 80 m hohen Wasserfall der *Garganta del Diablo (Estación Garganta del Diablo).*

INSIDER-TIPP Magische Nächte

Bei Vollmond fährt der Bus auch nachts zu den Fällen – das Naturschauspiel im Mondschein zu erleben ist einmalig. Wichtig ist aber, rechtzeitig zu reservieren!
Wegen der teilweise giftigen Schlangen solltest du keinesfalls in Sandalen durchs Buschwerk laufen. Außerdem gehört unbedingt Mückenspray ins Gepäck, in Argentinien nach der bekanntesten Marke auch einfach nur „Off" genannt und in jedem Supermarkt zu haben.

Aug in Aug mit dem Tukan: In Iguazú kannst du auch die artenreiche Vogelwelt bestaunen

Tgl. 8–18, im Sommer bis 19 Uhr | Infos bei der Parkverwaltung (Tel. 03757 49 14 44) | parquesnacionales.gov.ar, iguazuargentina.com | F4–5

7 SALTOS DEL MOCONÁ

325 km südöstlich von Puerto Iguazú/ 4¾ Std. über die RN 12, RP 11, RP 13 und RP 2

Vom Massentourismus noch unentdeckt, aber nicht weniger spektakulär: Die Saltos del Moconá sind die angeblich längsten Wasserfälle der Welt. Sie erstrecken sich über 3 km Länge entlang des Río Uruguay an der argentinisch-brasilianischen Grenze. Umgeben von Urwald und zerklüfteten Felsen, stürzt das Wasser je nach Stand aus 5–12 m Höhe in die Basaltspalte. Die meisten organisierten Touren starten in der Kleinstadt *El Soberbio. Tgl. 9–17.30 Uhr | @parquesaltosdelmocona*

In der Umgebung der Fälle bieten mehrere ★ Dschungellodges Urwalderlebnis pur, etwa die *Reserva Margay (Paraje la Bonita | Tel. 03755 23 84 95 | reservamargay.com.ar | €€€)* 70 km von den Fällen am Ufer des Arroyo Paraíso oder nur 7 km von den *saltos* die *Moconá Virgin Lodge (RP 2 km 63 | Tel. 03765 11 27 11 | moconavirginlodge.com | €€).* Sie haben meist Outdoor- und Wellnessangebote im Programm. Hin kommt man nur im Geländewagen, Transfers sind aber meist im Zimmerpreis enthalten. *F5*

8 SAN IGNACIO MINÍ

245 km südwestlich von Puerto Iguazú/3½ Std. über die RN 12

Auch von Puerto Iguazú aus kann man in einem Tagesausflug diese berühmteste der Jesuitenreduktionen (s. S. 107) besuchen. Der Bus macht unterwegs halt in einer Mateplantage und in der Edelsteinmine *Wanda,* in der hauptsächlich Amethyste gefördert werden. *F5*

PATAGONIEN & FEUERLAND

WILDNIS, WEITE UND EINSAMKEIT

Tiefblaue Seen und verwunschene Nebelwälder, Gletschereis, karge Ödnis und vom Sturm gepeitschte Vegetation: Schon immer faszinierte dieses wilde Land die Menschen. Als Sehnsuchtsort für Abenteurer und Aussteiger, Freiraum für Glücksritter und Träumer ist es unerschöpflicher Quell für Mythen und Legenden. Patagonien ist größer als Frankreich, dabei lebt auf 2 km^2 gerade mal ein einziger Mensch, zwischen den Orten liegen oft mehrere Flugstunden oder tagelange Busfahrten. Die Region zieht sich von

Noch markanter als das Profil des Monte Fitz Roy ist der Dreizack des benachbarten Cerro Torre

der staubigen Atlantikküste bis zu den schneebedeckten Anden, von den ausgedörrten Savannen südlich des Río Colorado bis zum ewigen Eis am Ende der Welt.

Dort, südlich der Magellanstraße, verliert sich Südamerika im Inselgewirr Feuerlands. Sturm umtost den Granitfelsen Kap Hoorn, wo Pazifischer und Atlantischer Ozean aufeinanderprallen. Eisbedeckte Berge wachsen direkt aus dem Meer. Hier herrscht eine atemraubende Stille, die nur vom Krachen kalbender Gletscher durchbrochen wird.

PATAGONIEN & FEUERLAND

MARCO POLO HIGHLIGHTS

★ **MONTE FITZ ROY**
Wanderung zum imposanten Felsmassiv an der chilenischen Grenze ➤ S. 125

★ **CAMINO DE LOS SIETE LAGOS**
Berge, Seen, Wälder: von einem Postkartenmotiv zum nächsten ➤ S. 118

★ **VALLE DE LOS DINOSAURIOS**
Auf den Spuren der Urzeitriesen ➤ S. 119

★ **GLACIAR PERITO MORENO**
Erleb das krachende Kalben des Gletscherriesen am Lago Argentino ➤ S. 125

★ **PENÍNSULA VALDÉS**
Auf Du und Du mit Walen, Pinguinen und See-Elefanten ➤ S. 121

Valle de los Dinosaurios 5
Aluminé 4
General Roca
Luis Beltrán
Pedro Luro
R. Colorado
R. Limay
RÍO NEGRO
R. Negro
Valdivia
3 Parque Nacional Lanín
2 Camino de los Siete Lagos
San Antonio Oeste
Viedma
1 Parque Nacional Lago Nahuel Huapi
Bariloche
S. 116
ARGENTINA
Golfo San Matías
Sierra Grande
El Bolsón 6
Península Valdés
7
Puerto Madryn
S. 120
Castro
Esquel
R. Chubut
850 km, 12 Std.
Gaimán 8
Rawson
Golfo Corcovado
Melinka
CHUBUT
9 Punta Tombo
Puerto Cisnes
R. Chico
1420 km, 20 Std.
Comodoro Rivadavia
Coyhaique
Bosque Petrificado José Ormaechea 10
San Jorge
Chile Chico
CHILE
R. Deseado
1460 km, 20 Std.
Cochrane
SANTA CRUZ
10 Bosques Petrificados de Jaramillo
Puerto Deseado
Monte Fitz Roy
12
12
1620 km, 24 Std.
El Chaltén
R. Chico
Parque Nacional Los Glaciares
11
El Calafate
S. 123
OCÉANO
ATLÁNTICO
Glaciar Perito Moreno
Bahía Grande
R. Gallegos
Puerto Natales
Río Gallegos
Esto. de Magallanes
Punta Arenas
Porvenir
2480 km, 33 Std.
Río Grande
Reserva Provincial Laguna Negra
Ushuaia 15
S. 125
Tolhuin
Estrecho de Le Maire
Parque Nacional de Tierra del Fuego 13
14 Isla Martillo

Patagoniens staubige Küste beherbergt eine faszinierende Tierwelt. Hier treffen Steppenbewohner wie Guanakos, Gürteltiere, Maras (Pampahasen) und Rotfüchse auf riesige See-Elefanten und Pinguinkolonien. Steinwüste, Savanne und ausgedörrte Flusstäler prägen das Bild des patagonischen Hochlands im Zentrum der Provinzen Chubut und Santa Cruz.

Im Sommer wird es tagsüber unerträglich heiß. Temperaturen bis zu 40 Grad sind dann keine Seltenheit. Nachts kühlt es sich dagegen empfindlich ab. Diese extremen Temperaturschwankungen und die schneidenden Winde haben eine touristische Erschließung dieser Mondlandschaft in größerem Maßstab bisher verhindert. Und doch hält sie ein einzigartiges Naturschauspiel bereit: die versteinerten Wälder Patagoniens. Im steinernen Wald bei Comodoro Rivadavia sind vor rund 150 Mio. Jahren riesige Araukarienstämme verkieselt. Bizarre Basaltsäulen erzählen von der Vulkantätigkeit vor Urzeiten.

Feuerland durchzieht eine Staatsgrenze von Norden nach Süden. Der westliche Teil gehört zu Chile, der östliche wird von Argentinien regiert. Reisen und Verkehr sind aber zwischen beiden Staaten problemlos möglich.

BARILOCHE

(🕮 B9) **Gelbe Ginsterhecken stehen im Kontrast zum tiefblauen Wasser des Nahuel-Huapi-Sees, am Horizont erheben sich majestätisch die Andengipfel. Argentinische Schweiz wird die Gegend um San Carlos de Bariloche (108 000 Ew.), so der offizielle Name, auch genannt.**

Hier gibt es Alpenhäuser, Kuchen und einen Berg namens Otto. Bariloche wurde nach dem Zweiten Weltkrieg zum Ziel vieler europäischer Einwanderer aus der Alpenregion, die sich von der hiesigen Bergwelt an ihre Heimat erinnert fühlten. Heute ist der Ort *das* Touristenzentrum Nordpatagoniens und Ausgangspunkt für Wanderungen, Angelexpeditionen oder Kajaktouren.

SIGHTSEEING

MUSEO DEL CHOCOLATE

Bariloche rühmt sich, weltweit die größte Dichte an Schokoladenfabriken pro Einwohner zu haben – nachgeprüft hat das wahrscheinlich keiner. Das Museum ist in jedem Fall ein perfekter Zwischenstopp für alle Naschkatzen. *Tgl. 10–19 Uhr | Bustillo 1200 | ⏱ 1 Std.*

CERRO OTTO

Mit der Seilbahn *(Teleférico | Mo–Sa 10–17.30 Uhr | Av. de los Pioneros 5000 | telefericobariloche.com.ar)* geht es auf den Cerro Otto. Oben steht das rundum verglaste Panoramacafé *Giratoria,* das sich langsam um die eigene Achse dreht. Von dort hast du eine phantastische Sicht auf den See und die umliegende Bergwelt. Wer dem schneidenden Wind bis zum Sonnenuntergang standhält, wird belohnt.

INSIDER-TIPP Knips dir deine Postkarte

Gleichzeitig stößt dich der Ausflug auf ein dunkles Kapitel der Stadt: Be-

Natürlich gibts in der „argentinischen Schweiz" auch Schokolade en masse: Geschäft in Bariloche

nannt ist der Berg nach dem deutschen Bergsteiger Otto Meiling, der in den 1930ern die deutsch-argentinische Pfadfinderorganisation gründete, die damals der Hitlerjugend nahestand. Ein großer Teil der deutschstämmigen Einwanderergemeinde in Bariloche pflegte nationalsozialistisches Gedankengut, auch NS-Kriegsverbrecher Erich Priebke lebte hier lange Jahre unbescholten.

ESSEN & TRINKEN

VERTIENTE CAFÉ CON IDEAS

Wenn es draußen ungemütlich wird (was in Bariloche durchaus passieren kann), gibt es hier was für die Seele: heiße Schokolade und sündige Torten. Dazu wechselnde Kunstausstellungen und Livemusik. *20 de Febrero 698 | Tel. 0294 4 13 27 21 | vertientecafeconideas.com | €€*

BELEK

Bariloche ist Argentiniens Bierhauptstadt! Dutzende Kleinstbetriebe brauen hier Craftbier auf hohem Niveau. Im Belek findest du in zentraler Lage eine Auswahl lokaler Gerstensäfte, dazu schaffen herzhafte Hirsch- und Lammburger, Empanadas oder Pizza eine Grundlage. *Elflein 13 | Tel. 0294 4 61 18 88 | Facebook | €–€€*

RESTAURANT PATAGONIA & RESTAURANTE ARGENTINO

Im legendären Luxushotel *Llao Llao Resort* nächtigten schon Barack Obama, George Soros oder Francis Ford Coppola. Die beiden Restaurants stehen auch Nichthotelgästen offen – aber nur mit vorheriger Reservierung. Den schönsten Postkartenblick Patagoniens gibt es gratis dazu. *Av. Bustillo km 25 | Tel. 0294 4 44 57 00 | llaollao.com | €€€*

RUND UM BARILOCHE

Bariloche ist Ausgangspunkt für zahlreiche Wandertouren und Rundfahrten, die lokale Tourismusbehörde *(barilocheturismo.gob.ar)* hat umfangreiches Material, der *Club Andino (clubandino.com.ar)* hilft bei der Vorbereitung von Bergtouren.

INSIDER-TIPP
Mit dem Schiff über die Anden?!

Klingt verrückt, geht aber: Von Bariloche geht es im Schiff nach Puerto Varas in Chile. Okay, ein bisschen Busfahren ist auch dabei ... Ein Anbieter ist *Turisur (turisur.com.ar).*

1 PARQUE NACIONAL LAGO NAHUEL HUAPI

3½–4 Std. reine Fahrzeit für die 60-km-Rundfahrt von Bariloche

Die beliebteste Rundfahrt durch Argentiniens ersten, schon 1922 gegründeten Nationalpark führt von Bariloche über den sogenannten *Circuito Chico* westlich am Ufer des Sees entlang. Es geht durch traumhafte Landschaften zu mehreren Aussichtspunkten. Immer wieder laden Wanderwege ein, etwa zum *Cerro Catedral* oder rund um den „Donnerberg" *Cerro Tronador:* Im Frühjahr, wenn die Eismassen abbrechen, tönt stets ein Grollen vom Berg herüber. Die *Parkverwaltung (Av. San Martín 24 | Tel. 0294 4 42 31 11 | nahuelhuapi.gov.ar)* gibt Infos zu Trekkingrouten und Klettergenehmigungen, Reitexkursionen, Kajakfahrten und Mountainbiketracks. *B9*

2 CAMINO DE LOS SIETE LAGOS ★

190 km bis San Martín de los Andes nördlich von Bariloche/3½ Std. über die RN 40

Wer mehr Zeit hat, sollte sich die große Rundfahrt *(Circuito Grande)* und vor allem die Fahrt über die „Straße der sieben Seen" nicht entgehen lassen. Sie führt über die legendäre RN 40 von Bariloche nach San Martín de los Andes am Lago Lácar. In *Dina Huapi* an der Kreuzung mit der RN 23 lädt der *Mercado de la Estepa* zum besonderen Shopping ein:

INSIDER-TIPP
Fair Trade in Patagonien

Der „Steppenmarkt" verkauft ausschließlich Produkte, die in den umliegenden Dörfern in Handarbeit hergestellt werden – so wird auch die Kultur der Mapuche-Indianer am Leben gehalten.

Von dort führt die Straße weiter ins hübsche Touristenstädtchen *Villa La Angostura,* wo Bootstouren in den *National-*

park Los Arrayanes starten, in dem die knorrigen, rotstämmigen Myrten wachsen. Hinter Villa La Angostura kannst du entlang des traumhaften *Lago Traful* und durch das für seine Gesteinsformationen bekannte Tal *Valle Encantado* zurück oder an weiteren Seen wie dem wunderschönen *Lago Hermoso* vorbei nach San Martín de los Andes fahren. *B9*

3 PARQUE NACIONAL LANÍN

290 km nördlich von Bariloche/6½ Std. über San Martín de los Andes

Die nordpatagonische Seenlandschaft zieht sich nördlich von San Martín de los Andes weiter gen Westen. In Junín de los Andes biegst du ab zu den Seen Huechulafquen, Paimún und Epulafquen im Nationalpark Lanín. Hier ragt der schneebedeckte Kegel des *Vulkans Lanín* empor. Es gibt ein großes Netz an Touren durch dichte Wälder und über einen versteinerten Lavafluss. Entspannung wartet schließlich in den Thermalbädern von *Lahuen Co (hotellahuenco.com)* – „Wunderwasser" in der Sprache der Mapuche – unweit vom westlichen Ende des Lago Epulafquen. *argentina.gob.ar/parques nacionales/lanin* | *B9*

4 ALUMINÉ

340 km nördlich von Bariloche/ 6 Std. über San Martín de los Andes

Weiter nach Norden führt die Straße Richtung Aluminé durch von jahrtausendealten Araukarien gesäumte Flusslandschaften – ein Paradies für Wildwasserfans und Fliegenfischer. Infos und Guides über das *Tourismusbüro (destinoalumine.com.ar)* oder auf der Website der Provinz *(neuquentur.gob.ar/en/corridors/pehuen-route)*. *B9*

5 VALLE DE LOS DINOSAURIOS ★

375 km bis Plaza Huincul nordöstlich von Bariloche/5 Std. über die RN 237 und RP 17

Achtung, bissig! Schon an der Ortseinfahrt von *Villa El Chocón* an der RN 237

Im Kajak über den Lago Nahuel Huapi: unterwegs in Argentiniens erstem Nationalpark

werden die Besucher gewarnt: Hier beginnt das Dinotal, das Fossiliendorado für Paläontologen. Die Tour in den Fußstapfen der Urzeitriesen führt durch versteinerte Wälder, Ausgrabungsstätten, Dinorepliken und spannende Museen. Zu bestaunen sind u. a. im *Museo Ernesto Bachmann (tgl. 9–18.30 Uhr | Mario Sureda 328)* das Skelett eines 13 m großen Gigantosaurus, des größten Fleischfressers aller Zeiten, oder – im *Dinosauriermuseum Carmen Funes (tgl. 9–19 Uhr | RN 22/RP 17 | museocarmenfunes.com)* im benachbarten *Plaza Huincul* – Replik und Knochen eines 30–40 m langen Argentinosaurus. *B9*

6 EL BOLSÓN

120 km südlich von Bariloche/2 Std. über die RN 40

INSIDER-TIPP **Be Hippie, be happy!**

El Bolsón, in den 1970er-Jahren die Aussteigerkommune Patagoniens, hat sich die entspannte Hippieatmosphäre bewahrt. An der zentralen *Plaza Pagano* werden Kunsthandwerk und Produkte aus Ökolandbau verkauft *(Di, Do, Sa 10–17 Uhr)*, in zahlreichen Kneipen bekommst du Selbstgebrautes serviert. Nirgendwo in Argentinien wächst so viel Hopfen wie rund um El Bolsón. Die Braukunst kam 1890 mit dem deutschen Einwanderer Otto Tipp nach El Bolsón, der in Bierlaune dann auch gleich die „unabhängige Republik El Bolsón" ausrief. Das sympathische Städtchen ist nach wie vor ein Backpackerparadies. Ein Klassiker ist die dreitägige Wanderung entlang des Río Azul zum türkisfarbenen, kristallklaren Wasserbecken *Cajón Azul.* Weitere schöne Wanderungen starten am 20 Autominuten entfernten Nationalpark *Lago Puelo (argentina.gob.ar/parquesnacionales/lagopuelo).*

INSIDER-TIPP **Ariadne in Patagonien**

Im 15 km entfernten Städtchen *El Hoyo* steht das *Laberinto Patagonia (Facebook)*, ein riesiges, 76 x 122 m großes Labyrinth aus Zypressen. Geplant und angepflanzt haben es Doris Romera und Claudio Levi, die dort auch ein Café mit hausgemachten Marmeladen und Kuchen betreiben. *B10*

PUERTO MADRYN

(C10) **Die Hafenstadt (115 000 Ew.) an der rauen patagonischen Atlantikküste ist das Tor zur Halbinsel Valdés.** Dort kannst du Wale, Pinguine und See-Elefanten beobachten. Die Küste mit ihrem vorgelagerten Riff ist außerdem beliebt bei Tauchern. Wer sich ins oft recht frische Nass wagt, wird rund um Puerto Madryn mit weiten Stränden, stillen Buchten und oft kristallklarem Wasser belohnt.

SIGHTSEEING

ECOCENTRO

Von dem modernen Kunst- und Kulturzentrum auf den Klippen im Süden der Stadt hast du einen tollen Blick auf den Ozean. Hier dreht sich alles ums Meer, seine Fauna und Flora. *Mi–*

Halbinsel Valdés: Lebensraum für Magellanpinguine, Buckelwale und Seelöwen

So 15–19 Uhr | Julio Verne 3784 | @fundacionecocentro | 3 Std.

ESSEN & TRINKEN

CANTINA EL NÁUTICO

Fisch und Meeresfrüchte mit Blick auf den Ozean – ein Klassiker an der Uferpromenade. *Av. Julio Argentino Roca 790 | Tel. 0280 4 47 14 04 | Facebook | €€*

SPORT & SPASS

Die felsig-schroffe Küste und die ruhigen Gewässer des Golfo Nuevo und Golfo San José laden zum Tauchen und zu Seekajakfahrten ein – dass ab und an ein Delphin oder Seehund mitschwimmt, gehört dazu. Touren organisieren *Scuba Duba (Boulevard Almirante Brown 893 | Tel. 0280 4 19 73 38 | scubaduba.com.ar)* oder *Master Divers (Boulevard Almirante Brown 1300 | Tel. 0280 4 47 62 93 | masterdivers.com.ar).*

RUND UM PUERTO MADRYN

7 PENÍNSULA VALDÉS ★

95 km bis Puerto Pirámides östlich von Puerto Madryn/1¼ Std. über die RP 1 und RP 2

Wind, Wellen, Wale: Die Strände der Halbinsel werden vom planktonreichen

Falklandstrom umspült. Dieses Nahrungsangebot lockt Fischschwärme an, die ihrerseits beliebte Beute für größere Jäger sind. So tummeln sich im Golf von San José Hunderte Delphine. Und majestätische See-Elefanten-Männchen bewachen ihren Harem in *Punta Delgada* an der Südostspitze.
Auf der Westseite der Halbinsel kommst du in die Bucht von *Puerto Pirámides,* den besten Ort zur Beobachtung von Glattwalen. Von Mai bis November springen hier tonnenschwere Exemplare neben dem Schlauchboot aus dem Wasser, die zur Paarung und zum Gebären hierher in die geschützten Gewässer kommen. In der *Caleta Valdés* an der Ostküste der Halbinsel haben Pinguine Zuflucht gefunden. In *Punta Norte* im äußersten Norden machen im Sommer Schwertwale Jagd auf die Seelöwenjungen am Strand.
Wichtig: Informier dich vor der Reise z. B. auf *peninsulavaldes.org.ar,* damit es keine Enttäuschung gibt – jeder der Wasserbewohner hat seine eigene Saison. Die Halbinsel ist über den 35 km langen Landstreifen *Istmo Ameghino* mit der Küste verbunden. Die RP 2 und RP 3 bilden einen Rundweg zu allen sehenswerten Punkten; immer wieder zweigen Schotterpisten zu *estancias* ab, die Übernachtungsmöglichkeiten bieten. *D10*

8 GAIMÁN

80 km südwestlich von Puerto Madryn/ 1¼ Std. über die RN 3 und RN 25

Hier gibt es ordentlich gepflegte Rosenhecken, Straßen, die „Bryn Gwyn"

150 Mio. Jahre alt: versteinerte Araukarienstämme im Bosque Petrificado José Ormaechea

heißen, und das Wahrzeichen ist eine überdimensionale Teekanne: willkommen in Gaimán, einem kleinen Fleckchen Wales in Argentinien. Die Nachfahren der ersten Einwanderer bewahren die Kultur ihrer Heimat – vor allem den Fünf-Uhr-Tee in zahlreichen Teehäusern. Im *Ty Te Caerdydd (Finca 202)* kehrte einst Lady Di ein. Gehuldigt wird ihr noch immer: Mit Altar, Scones und Elton-John-Dauerbeschallung.

INSIDER-TIPP Teatime mit Lady Di

Ein Besuch lohnt aber auch für Nicht-Tee-Trinker. Im 8 km entfernten *Geoparque Paleontológico Bryn Gwyn (tgl. 11–15 Uhr)* zeugen 150 m hohe Sandsteinfelsen von 40 Mio. Jahren patagonischer Erdgeschichte. Und im 20 Autominuten entfernten *Trelew* lohnt der Besuch des *Museo Paleontológico Egidio Feruglio (tgl. 9–18 Uhr | Av. Fontana 140 | mef.org.ar | 3 Std.)* mit Exponaten wie dem weltweit besterhaltenen Saurierei. *C10*

9 PUNTA TOMBO

190 km südlich von Puerto Madryn/ 3¾ Std. über die RN 3, RP 75 und RP 1

Wie sie da sitzen, ganz vornehm in ihren schwarz-weißen Fräcken und dann doch wieder so putzig wirken mit ihrem Watschelgang: Magellanpinguine sind einfach toll anzusehen – und nirgendwo außerhalb der Antarktis treffen sich diese Vögel so zahlreich wie auf dieser Landzunge, die auf flachen Sandstränden ideale Brutbedingungen bietet. *puntatombo.com* | *C10*

10 BOSQUES PETRIFICADOS (VERSTEINERTE WÄLDER)

550 km bis Sarmiento südwestlich von Puerto Madryn/9 Std. über die RN 3 und RN 26

Noch nicht genug von der Urgeschichte Patagoniens? Dann lohnt diese recht weite, aber landschaftlich beeindruckende Fahrt in den *Bosque Petrificado José Ormaechea* bei *Sarmiento*. Noch weiter südlich (RN 3 und RP 49) liegt der *Parque Nacional Bosques Petrificados de Jaramillo (parquesnacionales.gob.ar)*. *B–C11*

EL CALAFATE

(B12) **Wer diese Frucht (eine Unterart der Berberitzen) einmal kostet, will mehr: So geht die Legende über den *calafate*-Strauch mit seinen köstlichen Beeren, die der Stadt (22 000 Ew.) den Namen gegeben haben.**

Weitaus größer ist jedoch die Anziehungskraft des imposanten Gletschers Perito Moreno, der jedes Jahr Touristenschwärme in das nette Städtchen mit einem modernen Flughafen und und zahlreichen Hotels und Restaurants lockt.

SIGHTSEEING

RESERVAT LAGUNA NIMEZ

Rot, weiß, braun und grün leuchtet der Pflanzenteppich. Und plötzlich erhebt sich ein Schwarm Schwarzzügelibisse in den weiten Himmel. Das Reservat, das ein 5 km langer Rundweg

Cool in jeder Hinsicht: Wanderung auf dem Gletscherrücken des Glaciar Perito Moreno

erschließt, ist perfekt für einen Halbtagsausflug, insbesondere für Vogelliebhaber.

ESSEN & TRINKEN

ISABEL
Spezialität des urigen Hauses sind die *discos,* die auf offenem Feuer gekochten Schmortöpfe. Besonders zu empfehlen: patagonisches Lamm, mit Gemüse in Wein geschmort. *Perito Moreno 95 | Tel. 02902 48 90 00 | isabelcocinaaldisco.com* | €€

LA ZAINA
Eine modern und jung umgemodelte Gauchoschenke, die regionale, kreative Küche kredenzt. Spezialität: natürlich Lamm. Dazu werden nicht nur Wein-, sondern auch Bierfreunde glücklich. *Gobernador Gregores 1057 | Tel. 011 38 12 76 11 | Facebook* | €€

RUND UM EL CALAFATE

11 PARQUE NACIONAL LOS GLACIARES
75 km bis zum Perito-Moreno-Gletscher westlich von El Calafate/ 1¾ Std. über die RP 11

Es ächzt, es knirscht, es kracht. Tonnenschwere Eisbrocken fallen mit Getöse ins blaugrüne Eiswasser. Der berühmte Gletscher ★ *Perito Moreno* mit einer Fläche so groß wie die Stadt Buenos Aires scheint dem Klimawandel zu trotzen – Tag für Tag schiebt er sich etwa 1 m weiter in den *Lago Argentino*. Der Rundgang führt zur Aussichtsplattform auf die beeindruckende Front: 5 km breit und bis zu 70 m hoch.

Ein einmaliges Erlebnis sind die geführten, auch für Anfänger machbaren Trekkingtouren auf dem Buckel des eisigen Riesen, z. B. mit *Hielo y Aventura (Av. Libertador 935 | Tel. 02902 49 22 05 | hieloyaventura.com)*. Mit Steigeisen geht es über die Gletscherkämme, erfahrene Guides klären auf, auch über den alarmierenden Zustand des Eisfelds im Nationalpark, zu dem noch 46 weitere Gletscher gehören. Sie alle werden gespeist vom *Campo de Hielo Patagónico Sur*, dem größten Eisfeld jenseits der Polregionen; es überzieht im Grenzgebiet mit Chile eine Fläche von 350 x 80 km. Seine Gletscher versorgen ganz Südpatagonien mit Trinkwasser. Doch auch hier macht sich der Klimawandel bemerkbar: Wissenschaftler warnen, dass auch die Gletscher in den Anden immer schneller schmelzen. *losglaciares.com* | *B12*

SIDER-TIPP
On the rocks

12 EL CHALTÉN & MONTE FITZ ROY

215 km nördlich von El Calafate/4¼ Std. über die RP 11, RN 40 und RP 23

El Chaltén (3000 Ew.) liegt direkt am Fuß des erhabenen ★ *Monte Fitz Roy* und des *Cerro Torre*. Das einstige Aussteigernest empfängt dich heute mit zahlreichen gemütlichen Cafés und Kneipen und gut ausgeschilderten Wanderwegen zu den imposanten Felstürmen. Das Flair des alternativen Bergsteigertreffs ist geblieben. Die Wege sind im Grunde einfach, wer kompliziertere Routen plant, sollte sich jedoch beim Touristenzentrum registrieren. *B12*

USHUAIA

(C14) **Wilkommen am Ende der Welt – jedenfalls bezeichnet sich die 82 000-Ew.-Stadt am Beagle-Kanal selbst gern so. Keine Stadt der Welt liegt südlicher!**

Eingebettet ins Insellabyrinth Feuerlands, zwischen Bergketten und den Beagle-Kanal, erzählen die bunten Holzhäuser mit spitzen Giebeln von der Pionierzeit, als hier nur Schafzüchter, Seeleute und Robbenfänger lebten; später verbannte Argentinien Häftlinge hierher. Heute ist die einstige Sträflingskolonie eine Touristenhochburg. Im Hafen liegen neben Frachtschiffen, Fischkuttern und Eisbrechern immer wieder Kreuzfahrtschiffe. In der geschäftigen Hauptstraße *Avenida San Martín* treffen Touristen, Antarktisforscher und Seefahrer aufeinander. Die Stadt ist Ausgangspunkt für Wanderungen in Feuerland und Antarktisexkursionen. Feinschmecker lockt außerdem die lokale Delikatesse: frisch gefangene Königskrabben. Weil alles angeliefert werden muss, ist Ushuaia allerdings auch die teuerste Stadt Argentiniens.

SIGHTSEEING

MUSEO MARÍTIMO Y DEL PRESIDIO DE USHUAIA

Hinter diesen kalten Mauern möchte man nicht stecken. Das alte Gefängnis *(presidio)* führt zurück in die Zeit, als Ushuaia als trostloser Außenposten der Zivilisation diente. Dorthin wurden Mörder und Anarchisten verbannt. Gebaut wurde die Haftanstalt zwischen 1902 und 1920 von den Häftlingen selbst. Zwei im Originalzustand belassene Trakte geben bis heute einen Eindruck von den erbärmlichen Bedingungen. Das restliche Gebäude beherbergt mehrere andere Museen, darunter das maritime Museum mit detailreichen Modellen und historischen Seekarten, die die abenteuerlichen Expeditionen vergangener Jahrhunderte veranschaulichen. *März–Dez. tgl. 10–20, Jan./Feb. 9–20 Uhr | Yaganes/Gobernador Paz | museomaritimo.com | ⏲ 3 Std.*

ESSEN & TRINKEN

ANA & JUANA

Die südlichsten süßen Sünden der Welt. Die Cookies, Cremetorten, Croissants sind unwiderstehlich. Es gibt aber auch Salziges und Sandwiches. *Av. San Martín 797 und 1485 | Tel. 02901 42 52 35 | @anajuanabakery | €€*

KAUPÉ

Ernesto Vivian und seine Frau Tessi begannen das Restaurant in den eigenen vier Wänden, heute gehört es zu den besten Argentiniens. Die Spezialität: alles, was vor der Haustür schwimmt – Königskrabben, Oktopus, schwarzer Seehecht oder Jakobsmuscheln. *Presidente Julio Argentino Roca 470 | Tel. 02901 58 58 54 | kaupe.com.ar | €€€*

Buch einen Fensterplatz: Den Anflug auf die südlichste Stadt der Welt erlebt man nicht alle Tage

VOLVER
Viel Holz, viel Kitsch und an der Decke das obligatorische Fischernetz: So stellt man sich eine Seemannskneipe am Ende der Welt vor. Schon der punkige Chef Lino Adilon ist eine Attraktion. Gutes Essen, gute Stimmung, gute Preise. *Av. Maipú 37 | Tel. 02901 48 20 38 | €€*

RUND UM USHUAIA

13 PARQUE NACIONAL DE TIERRA DEL FUEGO

9 km bis zum Parkbeginn westlich von Ushuaia/20 Min. über die RN 3

Auf einer Fläche von 630 km² bietet der Nationalpark Feuerland neben weiten Hochmooren, tiefen Tälern und dichten Südbuchenwäldern auch felsige Meeresküste. Hier treffen Wildgänse und Austernfischer auf Albatrosse und den schwarzen Magellanspecht. Auch Kondore leben hier. Zum echten Problem werden die gewaltigen Biberdämme, die das Gebiet langsam versumpfen lassen. Geführte Ausflüge organisiert u. a. *Rumbo Sur (Av. San Martín 350 | Tel. 02901 42 11 39 | rumbosur.com.ar). turismoushuaia.com/zonas/parque-nacional* | *C14*

14 ISLA MARTILLO

75 km östlich von Ushuaia/1½ Std. über die RN 3 und RP J

Wo der Weg endet, begann die Siedlungsgeschichte: Die *Estancia Harberton* war Hort der ersten Missionare. Noch aufregender und nur von hier aus möglich: Per Boot zur Isla Martillo übersetzen und – im Südsommer – zwischen Zehntausenden turtelnden Magellan- und Eselspinguinen spazieren. *piratour.net* | *C14*

INSIDER-TIPP
Frackträger im Liebesrausch

15 RESERVA PROVINCIAL LAGUNA NEGRA

115 km nordöstlich von Ushuaia/2 Std. über die RN 3

Über Feuerlands einzigen Andenpass *Paso Garibaldi* gelangt man zum wilden und weiten *Lago Fagnano,* der sich in einer tektonischen Falte gebildet hat. Über diese kannst du mit einem großen Schritt von der Scotia- auf die Südamerikanische Platte springen und die kaum erschlossene Landschaft auf kurzen Wanderstrecken im Naturschutzgebiet Laguna Negra kennenlernen. *C13–14*

ERLEBNIS TOUREN

Lust, die Besonderheiten der Region zu entdecken? Dann sind die Erlebnistouren genau das Richtige für dich! Ganz einfach wird es mit der MARCO POLO Touren-App: Die Tour über den QR-Code aufs Smartphone laden – und auch offline die perfekte Orientierung haben.

1 KAKTEEN, WEIN UND BERGWÜSTE IM NORDWESTEN

- Dolce Vita in frischer Bergluft: ausspannen wie einst die Zuckerbarone
- Kondore, Kakteen und indigene Kultur
- Genießerstopp: Wein unterm Andenhimmel

San Miguel de Tucumán → Salta

knapp 650 km

4 Tage, reine Fahrzeit 12–16 Stunden

TAG 1

1 San Miguel de Tucumán

28 km

1 **San Miguel de Tucumán**, der Hauptstadt der kleinsten, aber am dichtesten bevölkerten Provinz Argentiniens, ist der Glanz der süßen Zeiten um 1900 noch anzusehen, als die Zuckerplantagen den Reichtum in die Stadt schwemmten, zumindest für die Fabrikbesitzer. Rund

Spektakulär? Aber hallo! Der Perito-Moreno-Gletscher ist ganz großes Naturkino

um die Plaza Independencia stehen ihre pompösen Prachtbauten. *Über die Avenidas 24 de Septiembre und Mate de Luna* geht es, erneut an herrschaftlichen Villen vorbei, langsam den Hang der Sierra de San Javier hinauf. *Über die RP 338* erreichst du **② Villa Nougués**. Hier, auf gut 1000 m Höhe, erholten sich einst die Zuckerbarone vom feuchtschwülen Stadtklima. Von der Terrasse der **Hostería Villa Nougués** *(RP 338 | Yerba Buena | Tel. 0381 5 49 23 39 | @hosteriavillanougues | €€)* hast du den besten Rundblick ins Tal; dazu lässt du dir eine frische Forelle und leckere Empanadas schmecken.

DURCH URWÄLDER ZUM PARK DER MENHIRE

Dann geht es *auf der RP 338* bergab in die Zuckerrohrplantagen. *Über die RP 301, RN 38 und RP 307* erreichst du das Valle de Tafí. Der Weg führt zum Teil über steile Abhänge und durch dichte Urwälder, die in den 1970er-Jahren Kampfgebiet zwischen linker Guerilla und Militär waren. *Am Eingang des Tafítals* befindet sich der **③ Parque de los Menhires**, in dem es rund 50 Monolithen der Tafíkultur aus dem 4.–9. Jh. zu bestaunen gibt. *10 km weiter* hast du **④ Tafí del Valle** am Stausee La Angostura erreicht, wo du dich im Hotel **Mirador del Tafí** *(hotelmiradordeltafi.com.ar)* für die Nacht einquartierst.

② Villa Nougués

103 km

③ Parque de los Menhires

13 km

④ Tafí del Valle

TAG 2

74 km

5 Ruinas de Quilmes

53 km

6 Cafayate

TAG 3

32 km

7 San Carlos

108 km

8 Colomé

65 km

9 Cachi

ÜBER DIE PASSHÖHE INS WEINLAND

Weiter geht es *über die RP 307 über den spektakulären Pass* **Abra del Infiernillo** (3042 m). Danach öffnet sich eine andere Welt: statt grüner Täler nun Wüste und Kakteen. *Kurz hinter Amaichá del Valle erreichst du die RN 40, wo kurz darauf eine Abzweigung nach links über 5 km Schotterstraße* zu den 5 **Ruinas de Quilmes** führt, den Ruinen der befestigten Stadt der Quilmesindianer. Faszinierend ist das ausgeklügelte Bewässerungssystem, das die Quilmes hier in Terrassenbauweise angelegt hatten. *Wieder auf der RN 40, erreichst du nach rund 50 km* 6 **Cafayate** ➤ S. 95. Hier wird aus den Torrontés-Trauben der aromatische Weißwein Saltas gekeltert. Am besten nimmst du an einer Kennenlern- und Genießertour in einem der Weingüter teil, z. B. in der **Bodega El Porvenir** *(Córdoba 32 | Tel. 0387 4 73 25 57 | elporvenirdecafayate.com)*. Zwischen Weinstöcken übernachten kannst du im Resort **Viñas de Cafayate** *(cafayatewineresort.com) 3 km vom Hauptplatz auf der 25 de Mayo in Richtung Divisadero.*

KREISEN DA ETWA GEIER ÜBER DIR? NEIN, DAS SIND KONDORE!

Von Cafayate geht es – *wieder auf der RN 40* – zum historischen Jesuitendorf 7 **San Carlos** aus dem 16. Jh. und *ab da auf Schotter 136 km,* von Kondoren begleitet, durch atemraubende Mondlandschaften bis Cachi. Ein Abstecher *auf halbem Weg führt bei Molinos auf der RP 53* ins biodynamische Höhenweingut 8 **Colomé** ➤ S. 95 mit dem tollen Lichtmuseum von James Turrell. Das feine Restaurant mit regionaler Küche bietet noch einmal Gelegenheit zur Verkostung der lokalen Weine. In 9 **Cachi** ➤ S. 95 steht mit der **Iglesia San José** aus Adobe und Kakteenholz eine der schönsten Kirchen des Nordwestens. Bei Empanadas und einem kühlen Bier kannst du dich *auf dem*

„Nur gucken, nicht anfassen" sollte dein Motto im Nationalpark Los Cardones sein

Hauptplatz des Orts von der Geländefahrt erholen. *Nur knapp 10 km weiter – nun wieder auf Asphalt* – kannst du die Nacht im umgebauten Landgut ⑩ **Sala de Payogasta** *(saladepayogasta.com) an der RN 40* verbringen. Probier hier auch die hauseigenen Weine zu leckerem Ziegen- und Schafskäse!

10 km
⑩ Sala de Payogasta

Auf der Weiterfahrt nach Salta geht es *auf der RP 33 über eine Hochebene,* vorbei an den Vikunjas und Kandelaberkakteen des Nationalparks ⑪ **Los Cardones** ➤ S. 94. Auf 3348 m Höhe, wo der enorme Mühlstein ⑫ **Piedra del Molino** geheimnisvollen Ursprungs am Wegrand steht, beginnt die steile ⑬ **Cuesta del Obispo**, eine Passstraße mit wunderbarer Aussicht, die 1200 Höhenmeter hinunter ins Lermatal führt. Durch Tabakplantagen *erreichst du die RN 68, der du nordwärts nach* ⑭ **Salta** ➤ S. 88 *folgst.*

TAG 4
44 km
⑪ Los Cardones
1 km
⑫ Piedra del Molino
1 km
⑬ Cuesta del Obispo
99 km
⑭ Salta

❷ WASSER UND SÜMPFE IM TROPISCHEN NORDOSTEN

- Zu Besuch bei Jaguar und Wasserschwein
- Dem „Teufelsschlund" ins Maul schauen
- *Yopará* oder *surubí?* Leckeres aus der Küche der Guaraní

Corrientes — Cataratas del Iguazú

gut 800 km — 5 Tage, reine Fahrzeit 14–16 Stunden

In Esteros del Iberá gibt es weder Tankstellen noch Banken und es werden kaum Kreditkarten angenommen.

TAG 1–2

❶ Corrientes

191 km

❷ Portal San Nicolás

In ❶ **Corrientes** erstrecken sich an der Biegung des Río Paraná der **Parque Mitre** und die **Uferpromenade** mit netten Restaurants und herrlichem Blick auf den breiten Fluss. Der perfekte Ort zum Einkehren nach einem Spaziergang durch den Park oder einer etwa zweistündigen Bootsfahrt mit **Paseos Pedro Canoero** *(Gobernador López 42 | Tel. 0379 4 92 29 99 | @pedro.canoero).* Vom Wasser aus lernst du die Stadt von ihrer schönste Seite kennen. *Von Corrientes aus geht es ins riesige Sumpfgebiet der* **Esteros del Iberá** ➤ S. 105.

AB IN DIE SÜMPFE!

Auf der RP 5 über San Miguel erreichst du das Naturschutzgebiet von der wenig besuchten Westseite aus in gut vier Stunden. Das ❷ **Portal San Nicolás** *(proyectoibera.org)* gehört zu einer ehemaligen *estancia,* die von Umweltschützern in einen Naturpark umgewandelt wurde. Sogar der in Argentinien äußerst selten gewordene Jaguar wird dort wieder eingeführt. Die Natur ganz nah erleben kannst du beim Zelten auf dem Campingplatz San Nicolás des Ökotourismusprojekts **Yasí Berá** *(Facebook),* wo du dich für zwei Nächte einquartierst. So kannst du am nächsten Tag im Morgengrauen aufbrechen, um den Park in Ruhe auf einem der Trekkingpfade, per Boot oder auf

INSIDER-TIPP
Früh auf der Pirsch

einer Reit- oder Biketour zu erkunden. Wer kein Zelt dabeihat, findet in San Miguel im **Hospedaje Iberá** *(@hospedajeibera)* eine saubere Unterkunft.

FLUSS, LAGUNE, STAUDAMM: WASSER ÜBERALL

Via San Miguel geht es nordöstlich auf der RN 118 und dann ostwärts auf der RN 12 durch eine amphibische Landschaft zwischen dem Río Paraná und der Lagune. *Von Ituzaingó machst du einen kurzen Abstecher an die Grenze zu Paraguay,* um den monumentalen Staudamm der ❸ **Entidad Binacional Yacyretá** *(Führungen nach Anmeldung tgl. 8, 10 und 13 Uhr | eby.gov.py)* zu besichtigen. Ein Quartier findest du in ❹ **Posadas** ➤ S. 106, das du eine gute Stunde später erreichst. Probier hier unbedingt die spannende, von den Guaraní geprägte Küche!

TAG 3

162 km

❸ Entidad Binacional Yacyretá

97 km

❹ Posadas

Auf der RN 12 durchfährst du die tropische Provinz Misiones, bis du gegen Mittag ❺ **Puerto Iguazú** ➤ S. 107 mit einer Fülle an Restaurants und Hotels erreichst. Von hier ist es nur noch ein Katzensprung zum Nationalpark ❻ **Cataratas del Iguazú** ➤ S. 110 mit seinen spektakulären Wasserfällen. Erkunde den Park am Nachmittag von den zwei Wanderwegen **Circuito Inferior** und **Circuito Superior** aus, für die du jeweils eine Stunde

TAG 4-5

298 km

❺ Puerto Iguazú

19 km

❻ Cataratas del Iguazú

Die Sümpfe sind kein Streichelzoo: Kaiman in den Esteros del Iberá

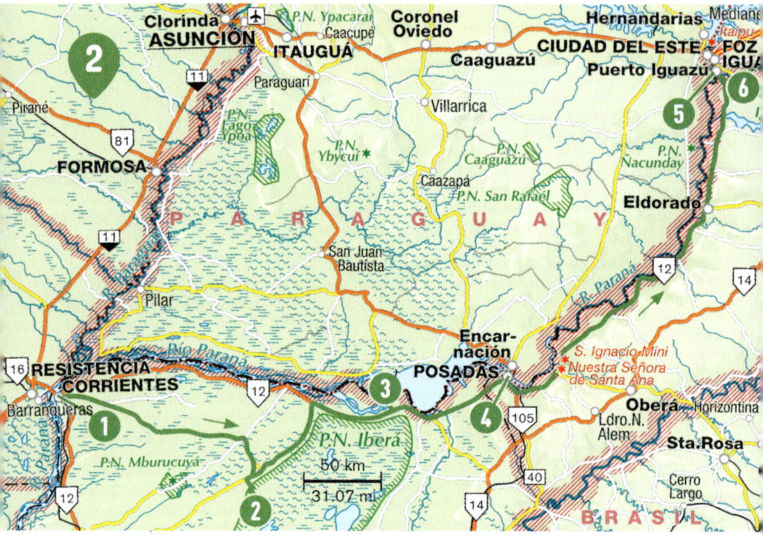

brauchst. Die eindrucksvolle **Garganta del Diablo**, zu der du am besten mit einem kleinen Bähnchen kommst, hebst du dir für den nächsten Vormittag auf. Und zum krönenden Abschluss wanderst du auf dem **Sendero Macuco** 7 km durch den dichten Urwald.

3 DIE PATAGONISCHEN SEEN

- **Gelber Ginster, schneeweiße Andengipfel, tiefblaue Seen**
- **Mit Steigeisen auf den Buckel des eisigen Riesen**
- **Übernachten wie die ersten Siedler: Abenteuer auf den *estancias***

Bariloche

Glaciar Perito Moreno

gut 2450 km

8 Tage, reine Fahrzeit 42–50 Stunden

Die Tour ist nur von November bis März durchführbar. Es gibt nur wenig Banken, hab ausreichend Bargeld dabei! Scheibenschutz für Schotterstrecken ist ratsam. Wo immer möglich, solltest du volltanken.

Als touristisches Zentrum der „Argentinischen Schweiz" ist ❶ Bariloche ➤ S. 116 der ideale Startort. *Auf der RN 40 geht es zunächst nach* ❷ El Bolsón, Hippiekolonie, Backpackerparadies und Hochburg des argentinischen Craftbiers. Guter Stopp also für ein frisches Selbstgebrautes (gibt es auch zum Mitnehmen). *Über Epuyén geht es auf die RP 71,* die dich zu den wunderbaren Seen im Parque Nacional Los Alerces mit seinen namengebenden, bis zu 3000 Jahre alten Lärchen führt. Die schönste Unterkunft, die ❸ Hostería Futalaufquen *(hosteriafutalaufquen.com),* liegt *kurz hinter Puerto Limonao direkt am Westufer des Lago Futalaufquen.*

SÜDAMERIKAS ZWEITGRÖSSTER SEE

In Esquel am Südeingang des Nationalparks solltest du noch mal tanken, denn nun geht es in den tiefen Süden bis in die Gletscherregion. *Nach sieben bis acht Stunden Fahrt auf der legendären Ruta 40* taucht der enorme Lago Buenos Aires am Horizont auf, der zweitgrößte Binnensee Südamerikas. *Westwärts auf der RP 43 am Seeufer entlang,* übernachtest du zwischen Kirschbäumen direkt am See *in Los Antiguos* im ❹ Hotel Mora Patagonia *(hotelmorapatagonia.com).*

ZUR HÖHLE DER HÄNDE

Beim Ort Perito Moreno erreichst du wieder die RN 40, der du weiter Richtung Süden folgst. Bei Bajo Caracoles zweigt nordostwärts die RP 39/RP 97 zur ❺ Cueva de las Manos *ab,* einer vor allem mit vielen Handabdrücken faszinierend ausgemalten Höhle. *Zurück auf der RN 40, führt dich nach wenigen Kilometern die RP 39 über Schotter* zu den Seen Lago Posadas und Lago Pueyrredón am Fuß der schneebedeckten Andenkordillere. Hier lädt die von Horacio Richards freundlich geführte ❻ Hostería Río Tarde *(riotarde.com.ar)* zum Übernachten ein.

Erneut zurück auf der RN 40, wechselst du kurz vor Las Horquetas auf die RP 37 zum Nationalpark Perito Moreno (nicht verwechseln mit dem Gletscher Perito Moreno weiter südlich!). *Die Straße endet bei der riesigen* ❼ Estancia La Oriental *(laorientalpatagonia.com).*

TAG 1
❶ Bariloche
121 km
❷ El Bolsón
148 km
❸ Hostería Futalaufquen

TAG 2
639 km
❹ Hotel Mora Patagonia

TAG 3
229 km
❺ Cueva de las Manos
159 km
❻ Hostería Río Tarde

TAG 4
260 km
❼ Estancia La Oriental

Hier übernachtet es sich zünftig-rustikal in einem aktiven Landgut, wer mag auch auf dem angeschlossenen Campingplatz. Wenn du dich vorher anmeldest, bereitet der Hausherr ein *asado* unterm Sternenhimmel vor.

TAG 5-6

572 km

⑧ El Chaltén

15 km

⑨ Hostería El Pilar

TAG 7-8

241 km

⑩ El Calafate

81 km

⑪ Glaciar Perito Moreno

SEEGIGANTEN UND BERGRIESEN

Patagonien pur: Heute geht es fast 500 km weit durch karges, sturmgepeitschtes Ödland, dessen hartes Gras Schafherden futtern. *Bei Tres Lagos biegt die Ruta 40 scharf nach Westen ab* in die Region der beiden südlichsten Seen, Lago Viedma und Lago Argentino, der beiden enormen Eingangstore zum **Parque Nacional Los Glaciares ➤ S. 124**. *Kurz nach Tres Lagos zweigt die RP 23 ab, die am Nordufer des Lago Viedma entlang nach* ⑧ **El Chaltén** *führt,* dem Paradies der Trekker am Fuß des **Monte Fitz Roy ➤ S. 125** nahe der chilenischen Grenze. Besorg dir *im Touristenbüro an der Ortseinfahrt* die ausführlichen Informationen über alle Trekkingpfade im Gebiet. Viele beginnen nahe der ⑨ **Hostería El Pilar** *(hosteriaelpilar.com.ar) an einem versteckten Flussufer 17 km nördlich vom Ort.* Quartier dich dort für zwei Tage ein und unternimm am nächsten Tag eine Wanderung durch die eindrucksvolle Landschaft rund um das imposante Bergmassiv!

Über die RN 40 und die westwärts abzweigende RP 11 erreichst du ⑩ **El Calafate ➤ S. 123**, wo du direkt am Ufer des Lago Argentino die angenehme **Hostería Cauquenes de Nimez** *(cauquenesdenimez.com.ar)* abseits des Touristentrubels findest. Am nächsten Tag erwartet dich dann der Höhepunkt der Tour: die Exkursion zum weltberühmten ⑪ **Glaciar Perito Moreno ➤ S. 125**. Der Trekkingausflug mit **Hielo y Aventura** per Steigeisen über die blau schimmernde Eisfläche des Gletschers ist ein unvergessliches Erlebnis.

4 IM TIGREDELTA VOR DER HAUPTSTADT

- Zu Besuch bei Argentiniens literarischer Boheme
- Mit dem Wasserbus in ein Labyrinth aus Inseln und Geschichten
- Chillen in der Hängematte nur eine Stunde von der Megacity

Start: Buenos Aires
Ziel: Buenos Aires
Strecke: rund 130 km
Dauer: 3 Tage, reine Fahrzeit (Bahn und Schiff) ca. 5 Stunden

In der Inselwelt ist praktisch überall nur Barzahlung möglich.
Beim Baden im trüben Flusswasser Badeschuhe tragen, anderenfalls möglichst nicht auf den sumpfigen Boden treten, da nicht zu sehen ist, ob dort spitze oder scharfe Gegenstände liegen!

Um 11.30 Uhr nimmst du den Zug nach Tigre im **Bahnhof Retiro** *in* **1 Buenos Aires**. *Dein Zug fährt im Bahnhof der Gesellschaft Mitre (die linke der drei großen Bahnhofshallen) alle 20 Minuten an den Bahnsteigen 1–3 ab.* Setz dich an ein Fenster in Fahrtrichtung links: So erhaschst du unterwegs einen Blick auf die Villen der reichen Stadtviertel im Norden der Stadt und – zwischen Vicente López und Olivos – auf die Präsidentenresidenz.

INSIDER-TIPP
Links wählen!

TAG 1

1 Buenos Aires

21 km

EINE VILLA MIT GESCHICHTE

Nach etwa 40 Minuten Fahrt erreicht der Zug die Station **2 Beccar**. Hier steht die **Villa Ocampo** *(Fr 12.30–18, Sa/So 10–19 Uhr | @villa_ocampo)*, die einstige Sommerresidenz der Schriftstellerin, Feministin und Mäzenin Victoria Ocampo. Du erreichst sie zu Fuß: *Überquer die Schienen, spazier die Calle Presidente Uriburu ostwärts Richtung Fluss und dann rechts auf die Calle Elortondo.* Victoria Ocampo (1890–1979) veranstaltete hier ausgewählte Zirkel mit ihren Freunden Jorge Luis Borges, Rabindranath Tagore oder Antoine de Saint-Exupéry, Igor Strawinsky spielte an ihrem Klavier. Das Haus

2 Beccar

9 km

mit herrlichem Park am Flusshang wird heute von der Unesco verwaltet, die aristokratischen Räume beherbergen verschiedene Ausstellungen. Beim Mittagessen auf der Veranda kannst du den herrlichen Blick auf den Garten genießen.

WOHNEN UND ESSEN AM FLUSS

Vom Bahnhof Beccar sind es noch fünf Stationen bis nach **❸ Tigre** ➤ S. 63. *Schräg gegenüber liegt am Fluss die* **Estación Fluvial**. Kauf am Schalter der Reederei Interisleña das Ticket für die erste Fahrt am nächsten Tag nach Los Pecanes. *Dann gehst du über die Brücke aufs andere Ufer des Río Tigre und schlenderst die Uferstraße nach rechts entlang. Bei der Mündung in den Río Luján biegst du links ab und kommst nach rund 900 m zum* herrschaftlichen Hotel **Casa Villa Julia** *(@casavillajulia)*, in dem du mit Glück ein Zimmer mit Blick auf den Fluss erwischst. Im **María Luján Ristorante** *(Paseo Victorica 509 | Tel. 011 47 31 96 13 | marialujan.com.ar | €€)* isst du direkt am Wasser zu Abend.

❸ Tigre

GRÜNE OASE VOR DEN TOREN DER HAUPTSTADT

Am nächsten Morgen geht es um 8.30 Uhr von der Estación Fluvial aus mit der lancha colectiva, dem Flussbus, in 90 Minuten zur 4 **Hostería Los Pecanes** *(hosterialos pecanes.com).* Langsam geht es von der intensiv befahrenen Wasserstraße des Río Luján über diverse Flussläufe und den Las-Palmas-Arm des breiten Río Paraná in die einsamere, Segunda Sección genannte Gegend des Tigredeltas. Die Ruhe inmitten der üppigen Vegetation und verschiedene Kolibriarten, die zu den Honignäpfen am Haus angeschwirrt kommen, lassen dich die Hektik von Buenos Aires ganz schnell vergessen. Ob du den Rest des Tages mit Kanu- und Bootsfahrten (auch bei Nacht!) durch stille Flussarme oder mit einer Wanderung über die Insel verbringst oder einfach nur badest und faulenzt, entscheidest du nach Lust und Laune.

TAG 2
37 km
4 Hostería Los Pecanes

ZURÜCK MIT DEM TREN DE LA COSTA

Am Nachmittag geht es *mit der letzten lancha colectiva (16.30, Sa/So 18.30) wieder zum Flusshafen in* 5 **Tigre**. Zurück in die Stadt nimmst du jetzt den Tren de la Costa, *dessen Bahnhof vom Anleger 300 m in entgegengesetzter Richtung an der Calle Vivanco liegt.* Die Bahn fährt näher an der Küste entlang und *erreicht nach 25 Minuten die Endstation Avenida Maipú. Dort kommst du über eine Brücke an den Bahnhof Bartolomé Mitre, von wo es noch 40 Minuten zum* **Bahnhof Retiro** *in* 1 **Buenos Aires** *sind.*

TAG 3
33 km
5 Tigre
33 km
1 Buenos Aires

Im Kanu geht es durch die Wasserwelt von Tigre vor den Toren der Hauptstadt

GUT ZU WISSEN

DIE BASICS FÜR DEINEN URLAUB

ANKOMMEN

ANREISE

Die Flugzeit beträgt von Frankfurt aus ungefähr 14 Stunden. EU-Bürger und Schweizer benötigen kein Visum, wenn die Aufenthaltsdauer 90 Tage nicht überschreitet. Erwachsene und Kinder (!) brauchen einen mindestens noch sechs Monate gültigen Pass. Impfungen sind nicht vorgeschrieben, aber für manche Regionen ratsam (z. B. Gelbfieberimpfung für Misiones im Nordosten).

– 4 Stunden Zeitverschiebung

Argentinien liegt vier Stunden hinter Deutschland, während der europäischen Sommerzeit sind es fünf Stunden.

Vom internationalen Flughafen Ezeiza 35 km außerhalb von Buenos Aires geht es am stressfreiesten mit einem der schwarz-gelben Taxis in die Stadt (ca. 35 Minuten). Der Shuttlebus *(tiendaleon.com)* fährt nur zwei Ziele an (Stadtflughafen Jorge Newbery und Terminal Puerto Madero) und kostet für zwei Personen fast genauso viel wie ein Taxi.

AUSKUNFT

Die *Argentinische Botschaft (Tel. 030 22 66 89 52 | ealem.cancilleria.gob.ar)* in Berlin sowie die *Arbeitsgemeinschaft Lateinamerika (Tel. 06101 9 95 40 30 | lateinamerika.org)* helfen mit Auskünften vor der Reise. Auch auf der Website des argentinischen Tourismusministeriums *(turismo.gov.ar)* oder unter *welcomeargentina.com* gibt es nützliche Infos. Alle Provinzen Argentiniens unterhalten außerdem Informationsbüros in Buenos Aires. In der

Für den heißen Norden ist das vierte Quartal die beste Reisezeit: unterwegs in der Provinz Salta

Facebookgruppe „Deutsche in Argentinien" gibt es immer jemanden, der gern weiterhilft, gerade in Notfällen bleibst du hier up to date.

Adapter Typ I

Unbedingt einen Adapter Typ I mitnehmen. In manche Steckdosen passen auch die bei uns gängigen Typ-C-Stecker. Die Netzspannung beträgt 220 Volt.

GELDWECHSEL

Das Währungs- und Wechselkurschaos wird dich auf deiner ganzen Reise leider begleiten. Natürlich kannst du am Flughafen und anderswo mit Kreditkarte Geld abheben. Achtung: Es gibt Maximalbeträge (ca. 200 Euro) und es wird eine recht hohe Gebühr erhoben. Wundere dich aber nicht, wenn dir private Wechselstuben später extrem viel bessere Kurse anbieten. Meist nimmt auch der Taxifahrer oder Hotelbesitzer statt Peso lieber Dollar oder Euro an. Hintergrund: Der Peso verliert durch die hohe Inflation stetig an Wert, während der offizielle Wechselkurs nicht entsprechend angepasst wird.

Damit nicht alle ihre Pesos in den stabilen Dollar tauschen, hat die Regierung ihren Landsleuten Limits für den Devisentausch auferlegt. Dadurch ist ein Schwarzmarkt entstanden. Tipp daher: Zahl in Hotels, Restaurants oder Reiseagenturen mit Kreditkarte, denn für ausländische Karten gibt es einen günstigen Sonderwechselkurs, der dem Schwarzmarktkurs sehr nahekommt. Nimm aber auch Euro in bar mit, um diese fürs Alltägliche wechseln zu können. Auch größere Euro- oder Dollarscheine werden oft akzeptiert.

Natürlich kann sich das alles zum Zeitpunkt deiner Reise auch schon wieder komplett geändert haben. Aufgepasst: Da Peso und Dollar häufig gleich abgekürzt werden ($), prüf immer, um welche Währung es sich handelt!

KLIMA & REISEZEIT

Alles genau umgekehrt wie bei uns: Sommer ist von November bis März, im Juli und August kannst du in Patagonien Ski fahren. Hochsaison ist von Dezember bis Februar, das ist auch die beste Reisezeit für Patagonien. In den warmen Norden reist du dagegen besser von Oktober bis Dezember, sonst wird es tagsüber sehr heiß. Außerdem kommt es im Februar/März oft zu Überschwemmungen. Buenos Aires genießt du am besten im südamerikanischen Frühling, wenn die violetten Jakarandabäume blühen, oder im Herbst, wenn spannende Festivals anstehen.

WEITER-KOMMEN

AUTO & MIETWAGEN

Mietwagen sind in jeder größeren Stadt zu bekommen, aber es kostet sehr viel mehr als in Europa. Die Miete für einen Kleinwagen beträgt etwa 50 Euro pro Tag inklusive Versicherung und 200 Freikilometern, in Patagonien meistens noch mehr. Achtung: Lokale Agenturen bieten meistens keine Vollkaskoversicherung an! Buch den Wagen am besten online über deine gewohnten Websites – da weißt du genau, welche Versicherungen dabei sind und es gibt nachher keine Überraschung mit dem Kleingedruckten. Ein internationaler Führerschein ist nicht erforderlich, der europäische wird anerkannt. Auf argentinischen Autobahnen und einigen Fernstraßen wird Maut verlangt. Wundere dich nicht über stark schwankende Preise, es gibt keine einheitlichen Tarife.

In Ortschaften darfst du auf den normalen Straßen 40 km/h, auf einigen Durchfahrtsstraßen *(avenidas)* 60 km/h fahren. Auf die Beschilderung achten: Vor Schulgebäuden oder Sportplätzen sind oft nur 20 km/h erlaubt. Auf Landstraßen darfst du 110 km/h fahren (wenn der Zustand der Straße das überhaupt erlaubt), auf ausgebauten Überlandstraßen bis zu 120 und auf offiziellen Autobahnen 130 km/h. Für Wohnmobile gilt ein Tempolimit von 90 km/h. Die Promillegrenze liegt bei 0,5. Das Mitführen von Warndreieck und Feuerlöscher ist Pflicht – bei Mietwagen kontrollieren! Da die Vorfahrtsregeln oft nicht eingehalten werden, unbedingt Blickkontakt zu den anderen Verkehrsteilnehmern herstellen!

Tankstellen sind meist von 7 bis 23 Uhr geöffnet, in größeren Städten und auf Autobahnen auch rund um die Uhr. Selbstbedienung gibt es so gut wie nie, stell dich einfach an die Zapfsäule, der Tankwart übernimmt und putzt oft noch die Scheiben (dann solltest du auch Trinkgeld geben). In Patagonien und Feuerland wird das Benzin subventioniert und kostet rund 30 Prozent weniger als im Rest des Landes.

INLANDSFLÜGE

Im achtgrößten Land der Welt ist Fliegen oft unerlässlich, um voranzukom-

FESTE & EVENTS
RUND UMS JAHR

JANUAR
Wallfahrt zu Gauchito Gil (Mercedes): riesige Pilgerparty zu Ehren des Popstars unter den Volksheiligen
FIBA – Festival Internacional de Buenos Aires (Buenos Aires), *buenosaires.gob.ar/festivalesba:* Südamerikas wichtigstes Theaterfestival
Fiesta Nacional del Folklore (Cosquín), *aquicosquin.org*

FEBRUAR
Karneval mit bunten Masken und rituellen Tänzen in der Quebrada de Humahuaca, Federschmuck und heißen Rhythmen im Nordosten und den **Murga**-Karnevalszügen auf den Straßen von Buenos Aires

MÄRZ
Fiesta Nacional de la Vendimia (Mendoza), *vendimia.mendoza.gov.ar:* Weinfest
Día Nacional de la Memoria por la Verdad y la Justicia (ganzes Land), Gedenktag an die Opfer der Militärdiktatur

APRIL
Festival Internacional de Cine Independiente (Buenos Aires), *bafici.vivamoscultura.com*

MAI
Iguazú en Concierto, *@iguazuenconcierto:* Kinder aus aller Welt singen und musizieren vor der spektakulären Kulisse der Wasserfälle.

AUGUST
Fiesta de la Pachamama (viele Orte im Nordwesten)
★ **Tango BA Festival y Mundial** (Buenos Aires), *buenosaires.gob.ar/tangoba:* Die Stadt feiert ihre Musik und wählt die Weltmeister auf dem Tanzparkett (Foto).Parallel dazu steigt das alternative Festival **FACAFF** *(caff.com.ar/facaff)* der jungen Szene.

NOVEMBER
Fiesta Nacional de la Tradición (San Antonio de Areco), *fiestasnacionales.org:* Gauchofestival

men. Die staatliche Fluglinie Aerolíneas Argentinas/Austral *(aerolineas.com.ar)* bedient die allermeisten Strecken. Die zweite große Airline LATAM hat ihre Inlandsflüge in der Pandemie eingestellt, wird den Betrieb aber möglicherweise wieder aufnehmen. Den Markt übernommen haben die zwei Low-Cost-Airlines Fly Bondi *(flybondi.com)* und Jet Smart *(jetsmart.com)*.

ÖFFENTLICHE VERKEHRSMITTEL

Argentinien verfügt über ein ausgezeichnetes Busnetz mit bequemen Bussen samt Schlafsitzen *(coche cama)* und Verpflegung. Für eine Strecke von etwa 300 km zahlt man ca. 15 Euro. Von Buenos Aires nach Mendoza (1000 km) oder Puerto Iguazú (1300 km) zahlt man um 60 Euro, nach Bariloche (1600 km) 90 Euro. Die argentinische Eisenbahn hat einen großen Teil des einst dichten Streckennetzes aufgegeben.

In Buenos Aires gibt es sechs U-Bahn-Linien, die auf 64 km die Stadt durchkreuzen; auch die Vorstadtzüge haben mehrere Haltestellen innerhalb der City. Die zahlreichen Lokalbusse, *colectivos* genannt, fahren streckenweise auf eigenen Spuren, die eine rasche Fahrt inmitten des üblichen Verkehrschaos erlauben. Bezahlt wird überall im Land mit einer eigenen Karte, der *sube (argentina.gob.ar/sube)*. In Buenos Aires erhältst du sie an den U-Bahn-Kiosken und kannst sie an verschiedenen Stellen der Stadt aufladen.

TAXI

Taxifahren ist relativ billig. Am günstigsten ist es in Buenos Aires. Am sichersten sind die schwarz-gelben Funktaxis *(radiotaxís)*, die auch per Telefon oder über die Apps BA Taxi oder Premium Taxi bestellt werden können. Ansonsten gilt: Einfach an den Straßenrand stellen und die Hand raushalten. Uber operiert auch in Argentinien, auch Cabify ist weit verbreitet.

IM URLAUB

CAMPING

Die schönsten Campingplätze findet man fast immer in den Nationalparks, jedoch verfügen sie nur zum Teil über Dusch- und Kochgelegenheiten. Außerhalb der Städte ist in Argentinien auch wildes Zelten erlaubt. *voydecamping.com.ar, solocampings.com.ar*

CANNABIS & KOKABLÄTTER

Im Norden werden die Blätter des Kokastrauchs als Tee getrunken oder einfach in die Backe gestopft und gekaut – das gehört zur Kultur der indianischen Bevölkerung. Außerhalb der Region, vor allem am Zoll, bekommst du Ärger. Der Besitz und Konsum von kleinen Mengen Cannabis ist laut oberstem Gericht nicht strafbar. Die Grenze zwischen Konsum und dem weiterhin streng verbotenen Handel wird allerdings von den Behörden oft sehr unklar gehandhabt.

EINTRITTSPREISE

Je nach Wechselkurskapriolen kann Argentinien mal besonders günstig, mal überraschend teuer erscheinen. Den Sitzplatz für ein Erstligaspiel gibt es ab 20 Euro. Der Eintritt zum Glet-

WAS KOSTET WIE VIEL?

Kaffee	um 1,50 Euro *für eine Tasse*
Imbiss	1 Euro *für eine Empanada*
Wein	ab 8 Euro *für eine Flasche im Restaurant*
Inlandsflug	80–250 Euro *für den Flug Buenos Aires–Salta und zurück*
Lederstiefel	50–100 Euro *für ein Paar*
Bus	um 6 Euro *für 100 km Überlandfahrt*

schernationalpark liegt bei 25 Euro. Das Dinosauriermuseum in Plaza Huincul kostet nur 3 Euro, dafür muss man für einen Besuch des Gefängnismuseums in Ushuaia fast das Zehnfache hinlegen. Der Tren a las Nubes kostet mit Zubringerbus 140 Euro, anderthalb Stunden Walbeobachtung in Puerto Madryn kosten um die 70 Euro. Bleiben Schwarzmarkt und Sonderkonditionen für ausländische Kreditkarten (s. S. 141) erhalten, können sich diese Preise noch mal halbieren. Generell gibt es in Museen und Nationalparks oft unterschiedliche Tarife für ausländische und argentinische Besucher.

FEIERTAGE

1. Jan.	Neujahr
Februar/März	Rosenmontag, Fastnachtsdienstag
24. März	Gedenktag für die Opfer der Diktatur
März/April	Karfreitag
2. April	Tag der Gefallenen im Falklandkrieg
1. Mai	Tag der Arbeit
25. Mai	Erste Nationalregierung 1810
20. Juni	Todestag von General Manuel Belgrano
9. Juli	Unabhängigkeitstag
17. Aug.	Todestag von General José de San Martín
12. Okt.	Tag der kulturellen Diversität
20. Nov.	Tag der nationalen Staatshoheit
8. Dez.	Mariä Empfängnis
25. Dez.	Weihnachten

Einige Feiertage werden auf den nächstgelegenen Montag verlegt oder es werden Brückenfeiertage festgesetzt, um den Wochenendtourismus zu fördern.

GESUNDHEIT

Ungewaschene Früchte solltest du nicht essen. Leitungswasser kann in den Städten ohne Bedenken getrunken werden, denn es enthält Chlor. Auf Campingplätzen das Wasser unbedingt vor Gebrauch abkochen oder Mineralwasser kaufen. Die Behandlung in öffentlichen Hospitälern ist frei, aber in privaten Praxen und Kliniken werden Besucher grundsätzlich als Privatpatienten behandelt, daher ist der Abschluss einer privaten Reisekrankenversicherung unerlässlich.

INTERNETZUGANG & WLAN

In Buenos Aires gibt es öffentliche WLAN-Zonen *(wi-fi)* in den Flughäfen, auf vielen öffentlichen Plätzen und in den U-Bahn- und Metrobus-Stationen. Die App BA Wifi gibt die über 500 öffentlichen Hotspots an und verbindet mit ihnen – so die Theorie, ob es im-

GRÜN & FAIR REISEN

Du willst beim Reisen deine CO_2-Bilanz im Hinterkopf behalten? Dann kannst du deine Emissionen kompensieren *(atmosfair.de; my climate.org)*, deine Route umweltgerecht planen *(routerank.com)* oder auf Natur und Kultur *(gate-tourismus.de)* achten. Mehr über ökologischen Tourismus erfährst du hier: *oete.de* (europaweit); *germanwatch.org* (weltweit).

mer funktioniert, ist eine andere Frage. Sicher und ruhig surfen kannst du im Goethe-Institut *(Corrientes 319)* und in den meisten Cafés und Restaurants.

ÖFFNUNGSZEITEN

In Buenos Aires kannst du von 10 Uhr morgens bis 19 oder 20 Uhr abends shoppen. Supermärkte schließen erst um 21 oder 22 Uhr und sind auch sonntags geöffnet. In der Pampa wird dagegen nachmittags noch Siesta gehalten. Restaurants öffnen mittags meistens von 12.30 bis 16 Uhr und abends ungefähr von 20 bis 1 Uhr. Allerdings ist das alles von Provinz zu Provinz unterschiedlich. Eine generelle gesetzliche Regelung gibt es nicht.

SPRACHE

In Argentinien spricht man Spanisch mit italienischem Singsang und leichten Abweichungen in Grammatik, Aussprache und Wortschatz zum europäischen Spanisch. Außerhalb von Buenos Aires wird nur wenig Englisch oder gar keine Fremdsprache gesprochen.

TELEFON & HANDY

Vorwahlen: Argentinien *0054*, Deutschland *0049*, Schweiz *0041*, Österreich *0043*. Handynummern werden dir wahrscheinlich mit einer 15 am Anfang angegeben. Dahinter steckt ein altes System, das zwar noch funktioniert, jedoch nur, wenn sich Anrufer und Angerufener im selben lokalen Netz befinden. Klingt kompliziert? Ist es auch, deswegen gilt heute eine viel einfachere Regel: Lass die 15 weg und wähl stattdessen Mobilnummern genau wie Festnetznummern immer mit der lokalen Vorwahl (für Buenos Aires z. B. 11, für Mendoza 261 etc.).

Fürs Einspeichern ins eigene Handy ist es ratsam, alle Nummern komplett mit der Landesvorwahl einzuspeichern: So kannst du sie auch mit einer deutschen Simkarte und in Messengerdiensten benutzen. Bei Handynummern kommt in diesem Fall eine 9 zwischen Ländercode (+54 für Argentinien) und lokale Vorwahl. Beispiel für eine Nummer in Buenos Aires: *+54 9 11 12345678.* Bei Festnetznummern entfällt die 9.

Das Handynetz hat viele weiße Flecken, abseits von Ortschaften gibt es oft keine oder nur eine instabile Verbindung. Trotzdem gilt: Immer weniger Argentinier haben einen Festnetzanschluss. Viele Leute erreichst du per Whatsapp schneller als per Anruf.

TRINKGELD

Propina – Richtwert: fünf bis zehn Prozent – gehört in Restaurants und Hotels dazu, für Kellner oder den Zimmerservice ist es ein wichtiges Plus zum oft mickrigen Lohn. Im Taxi ist es eher unüblich, man rundet allenfalls auf.

ZEITUNGEN

Auflagenstärkste Zeitung ist Clarín *(clarin.com)*. Das älteste Blatt ist die rechtskonservative La Nación *(lanacion.com.ar)*, die neben *infobae.com* das modernste Online-Angebot unterhält. Eher linksgerichtet sind Página 12 *(pagina12.com.ar)* und Tiempo Argentino *(tiempo.infonews.com)*. News und Reportagen auf Englisch gibts online beim Buenos Aires Herald *(buenosairesherald.com)*.

ZOLL

Die Einfuhr von Pflanzen und frischen Lebensmitteln ist verboten. Bei der Einreise per Flugzeug sind Waren bis zu einem Wert von 500 Dollar frei. Bei Rückkehr in die EU sind u.a. 1 l Spirituosen, 4 l Wein und 200 Zigaretten sowie sonstige Waren bis zu einem Wert von 430 Euro zollfrei.

NOTFÄLLE

DIPLOMATISCHE VERTRETUNGEN IN BUENOS AIRES

- *Deutsche Botschaft: Villanueva 1055 | Tel. 011 47 78 25 00 | buenos-aires.diplo.de*
- *Österreichische Botschaft: French 3671 | Tel. 011 48 09 58 00 | bmeia.gv.at/oeb-buenos-aires*
- *Schweizer Botschaft: Av. Santa Fé 846 | Tel. 011 43 11 64 91 | eda.admin.ch/buenosaires*

NOTRUF

Allgemeiner Notruf *Tel. 911*. Gleichzeitig gelten aber auch noch die Nummern *Tel. 101* für die Polizei, *Tel. 107* für den Notarzt und *Tel. 100* für die Feuerwehr.

WETTER IN BUENOS AIRES

	JAN.	FEB.	MÄRZ	APRIL	MAI	JUNI	JULI	AUG.	SEPT.	OKT.	NOV.	DEZ.
Tagestemperaturen	28°	27°	25°	22°	18°	15°	14°	16°	19°	22°	25°	27°
Nachttemperaturen	16°	15°	13°	10°	7°	4°	4°	5°	7°	10°	12°	15°
Sonnenschein Stunden/Tag	8	8	7	6	5	5	5	5	6	7	8	8
Niederschlag Tage/Monat	9	9	9	9	8	6	7	8	7	10	10	9
Wassertemperatur in °C	22	22	21	19	17	14	12	12	12	14	17	20

Sonnenschein Stunden/Tag · Niederschlag Tage/Monat · Wassertemperatur in °C

SPICKZETTEL ARGENTINISCH

SMALLTALK

ja/nein/vielleicht	sí/no/tal vez
bitte	por favor
danke	gracias
Gute(n) Morgen!/Tag!/Abend!/Nacht!	¡Buen día!/¡Buen día!/¡Buenas tardes!/¡Buenas noches!
Hallo!/Auf Wiedersehen!	¡Hola!/¡Adiós!
Tschüss!	¡Chau!
Ich heiße …	Me llamo …
Wie heißt du?/Wie heißen Sie?	¿Cómo se llama?/¿Cómo te llamás?
Ich komme aus …	Vengo de …
Entschuldige!/Entschuldigen Sie!	¡Perdón!/¡Perdone!
Wie bitte?	¿Cómo?
Das gefällt mir (nicht).	Esto (no) me gusta.
Ich möchte …/Ich suche …	Quiero …/Busco …

ZEIGEBILDER

ESSEN & TRINKEN

Die Speisekarte, bitte.	**La carta, por favor.**
Könnte ich bitte ... haben?	**¿Podría tener ... por favor?**
Messer/Gabel/Löffel	**cuchillo/tenedor/cuchara**
Salz/Pfeffer/Zucker	**sal/pimienta/azúcar**
Essig/Öl	**vinagre/aceite**
Milch/Sahne/Zitrone	**leche/crema/limón**
mit/ohne Eis/Kohlensäure	**con/sin hielo/gas**
Vegetarier(in)/Allergie	**vegetariano (vegetariana)/alergia**
Ich möchte zahlen, bitte.	**La cuenta, por favor.**
Rechnung/Quittung	**cuenta/factura**
bar/Kreditkarte	**efectivo/tarjeta de crédito**
Flasche/Glas	**botella/vaso**

NÜTZLICHES

Wo finde ich ...?	**¿Dónde puedo encontrar ... ?**
Wie viel Uhr ist es?	**¿Qué hora es?**
heute/morgen/gestern	**hoy/mañana/ayer**
Wie viel kostet ...?	**¿Cuánto cuesta ... ?**
Wo finde ich einen Internetzugang?/ WLAN	**¿Dónde encuentro un acceso a internet?/WiFi?**
Hilfe!/Achtung!	**¡Ayuda!/¡Atención!**
Apotheke/Drogerie	**farmacia/perfumería**
kaputt/funktioniert nicht	**roto/no funciona**
Panne/Werkstatt	**problema mecánico/taller mecánico**
Fahrplan/Fahrschein	**itinerario/boleto**
0/1/2/3/4/5/6/7/8/9/10/100/1000	**cero/uno/dos/tres/cuatro/cinco/ seis/siete/ocho/nueve/diez/cien/ mil**
Fieber/Schmerzen	**fiebre/dolores**
Verbot/verboten	**prohibición/prohibido**
offen/geschlossen	**abierto/cerrado**
rechts/links/geradeaus	**(a la) derecha/(a la) izquierda/ derecho**
mehr/weniger	**más/menos**
billig/teuer	**barato/caro**
(kein) Trinkwasser	**agua (no) potable**

URLAUBS FEELING

ZUM EINSTIMMEN & AUSKLINGEN

LESESTOFF & FILMFUTTER

DONNERSTAGSWITWEN

Golfplatz, Pool und Cocktailpartys: Claudia Piñeiro lässt in ihrer 2005 erschienenen bissigen Gesellschaftsstudie zur Wirtschaftskrise 2001 die schöne Fassade eines elitären Wohnviertels einstürzen.

WILD TALES – JEDER DREHT MAL DURCH!

Rache ist bittersüß, bestialisch und böse. Damián Szifrons nachtschwarze Parabel von 2014 über die Wut auf Selbstzufriedenheit und Scheinheiligkeit von Argentiniens Eliten ist nichts für Zartbesaitete.

ARGENTINIEN, 1985 – NIE WIEDER

In dem Justizdrama von 2022 bringt ein Team von Staatsanwälten die Täter der Militärdiktatur vor Gericht. Santiago Mitres Film bildet mit Oscar-Gewinner „In Ihren Augen" (2010) die wichtigste Aufarbeitung der Diktatur.

IN PATAGONIEN

Alles beginnt mit dem Hautfetzen eines Brontosaurus … Bruce Chatwin nimmt uns in seinem 1977 erschienenen Roman mit ins wilde und magische Patagonien. Ein Klassiker der Reiseliteratur.